_____님

당신이 가치 있는 삶을 살도록 응원합니다.

평범한 일상을
가치 있는 삶으로 바꾸는 힘

나답게 산다는 것

평범한 일상을 가치 있는
삶으로 바꾸는 힘

나답게 산다는 것

초판 1쇄 인쇄 2019년 1월 15일
초판 1쇄 발행 2019년 1월 20일

지은이 젊은목사/이로
펴낸이 백유창
펴낸곳 도서출판 더테라스

신고번호 제2012-000230호
주 소 서울 마포구 양화로16길 2층
Tel. 070-8862-5683
Fax. 02-6442-0423
seumbium@naver.com

ISBN 979-11-95843-81-7

값 13,600원

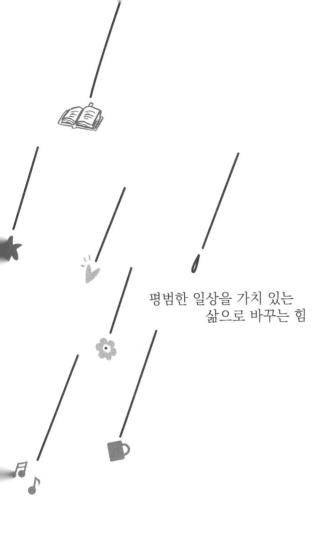

평범한 일상을 가치 있는
삶으로 바꾸는 힘

나 답 게 산 다 는 것

도서
출판 THE TERRACE

우리, 잘 살아가자

　작년 겨울, 우리 가족이 첫 해외여행을 다녀왔다. 대만으로. 나와 아내는 여행 한참 전부터 여행 계획을 세웠다. 어찌나 들뜨든지. 그렇지만, 첫날부터 계획은 삐걱댔다. 비행기가 연착되어 타이베이 101타워밖에 가지 못했다. 그마저 예약해두었던 티켓이 착오가 생겨, 다시 끊어야 했다. 여행 내내 조금씩 차질이 생겼다. 아이가 어려 자주 쉬어야 했고, 가보지 못한 곳도 많았다. 정말 기대했던 지우펀은, 많은 사람에 치여 '지옥펀'을 경험해야만 했다.

　그렇지만, 평소 알지 못했던 가족에 대해 새롭게 깨딜은 짐이 많았다. 아내는 처음 보는 사람하고도 대화를 잘 이끌어 낼 정도로 친화력이 좋았다. 아들은 생각보다 씩씩하게 잘 걸어다녔다. 조그만 짐도 잘 들어주어 자신의 몫을 톡톡히 했다. 갑자기 방문한 곳이 의미 있기도 했고, 그곳에서 유학중인 후배와도 만나 오랜만에 담소를 나눌 수 있었다.

계획한 것이 그대로 실현되지 않는 것. 오히려 수정되는 것. 그것이 여행의 묘미였다. 가만히 생각해 보니 인생도 마찬가지였다. 바라는 대로 이루어지지는 않지만 순간순간 좋은 것으로 채워지지 않나. 한국에 와서 돌아오는 차 안에서 흐르는 노래 가사.

괜찮아 힘을 내
넌 할 수 있을 거야.
좀 서툴면 어때
가끔 넘어질 수도 있지.
세상에 모든 게 단 한 번에 이뤄지면
그건 조금 싱거울 테니.
- 베란다프로젝트, 〈괜찮아〉 중

행복. 예전엔 멀리 있는 것이라 생각했다. 바라는 것을 이루었을 때, 큰돈을 벌었을 때, 아무런 병도 걸리지 않고 건강할 때만이 행복하다고 여겼다. 그게 아니었다. 간만에 가족들과 저녁식사를 하며 이야기를 나눌 때, 부쩍 커 가는 아이를 볼 때, 책을 읽다가 지금 내 상황에 딱 맞는 구절을 보았을 때, 날씨가 안 좋다가 마법처럼 파란 하늘이 나타날 때... 행복은 멀리 있는 게 아니었다. 주위에 있었다. 바로 내 옆에 있었다.

함께 세상을 살아가는 모든 이가 행복했으면 좋겠다. 이 책을 쓸 제의를 받았을 때, '과연 내가 쓸 수 있을까' 고민했다. 지금은 직장을 다니지 않고, 직장인들과는 약간 다른 방식의 삶을 살기 때문이다. 내가 그들을 위한 글을 쓴다는 것이 어울리지 않았다. 다시 생각해 보니, 그들과 나는 삶의 방식과 하는 일은 다르더라도 모두 치열하게 살고 있었다. 조금이나마 도움을 주고 싶었다. 나를 위해, 그들을 위해... 부족한 글을 쓰게 된 이유였다.

과거 직장에서의 시간을 떠올리고, 부랴부랴 관련 자료를 모으고, 여러 책을 읽었다. 책을 쓰면서 사람들이 힘든 삶을 살아가고 있음을 새삼 느꼈다. 웃고 있어도 웃는 것이 아닌, 마치 광대와도 같은 삶을 살아가고 있었다. 이런 상황에서 '어떻게 살라'라고 도덕책 읽듯이 말하는 건 의미 없었다. 그저 '같이 잘 견디자, 잘 살아가자.'라고 말해 주고 싶었다. 마지막으로 같이 행복한 삶을 살아가자고 말하고 싶었다.

이 책을 쓸 수 있도록 좋은 기회를 주신 출판사 대표님에게 감사의 말을 전한다. 좋은 책을 어떻게 쓸까 함께 고민하고 써 간 이 책의 또 다른 저자 전남식 목사님에게도 고맙다는 말을 전하고 싶다. 어려운 시절 항상 함께 해주고 격려해 준 사랑하는 아내와 아들에게도 깊은 감사를 전한다.

점점 살아가기 힘들다고 하는 이때. 자신의 자리에서 묵묵히 견디며 희망의 조각을 붙들며 살아가는 당신을 응원한다. 우리, 잘 살아가자.

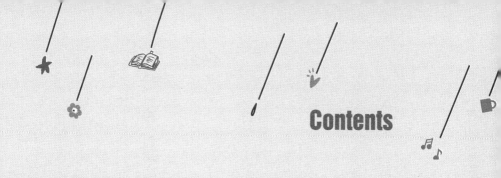

Contents

베아티투도

beatitudo

가치 있고 행복한 인생은 삶에 대한 태도와 의미에 달려있다.

나답게 살기

지난 해 7월 1일부터 300인 이상의 기업에서는 주 40시간, 최장 52시간 이상을 근무 할 수 없게 만든 법안이 발효되었다. '워라밸', '소확행', '저녁이 있는 삶'을 위한 시간을 유도하기 위한 정책에서 나온 법안이다. 그렇잖아도 자기계발서가 풍년인 상황에서 곳곳에서 저녁 시간을 어떻게 사용할 것인지에 대한 책이 범람하기 시작했다. 더 나은 스펙 쌓기, 더 여유로운 삶, 더 나은 연봉을 위한 스펙 전쟁 이 더욱 가열될 것은 불을 보듯 뻔한 상황이다.

청춘스펙열전?

한동안 젊은이들 사이에서 인기를 끌었던 책 중에 『청춘스펙열전』 이란 제목의 책이 있었다. 이 책은 대학 신입생들을 위해 대학에서 어떻게 시간을 활용해야, 심지어 자투리 시간까지 어떻게 활용해야 할지, 안정된 직장에 취업하기 위해서 영어는 물론이고 제2외국어를 어떤 식으로 준비해야 할지 등을 안내하는 책이었다. 이 책의 저자는 대학에서 단순한 스펙 쌓기가 아니라 대학생활을 알차게 보내는 방법, 사회에 첫 발을 내딛기 위해 준비해야 할 것들을 친절하게(?) 알려 주기 위해 저술하게 되었다고 밝히고 있다. '단순한 스펙 쌓기'가 아니라 보다 철저하고 체계적인 스펙 쌓기 노하우를 가르쳐 주려는 의도에서 만들어진 책이었다. 대외 활동의 중요성, 군대 생활을 대학생활의 연장선으로 사용하기, 영어 및 제2외국어, 국어능력 고양 등을 다루고 있다. 목차만 들여다봐도 급 피곤해진다. 대학생활의 여유와 낭만이라고는 찾아볼 수 없다. 고등학교 때까지 입시를 위해 적어도 3년을 지옥처럼 보낸다. 입시지옥이란 말이 달리 생긴 것이 아니다. 그런데 대학에 들어와서는 취업지옥을 통과해야 한다. 일반적으로 대학과정이 4년인데, 5학년까지 대학기간을 연장하는 것이 보편화되고 있다. 물론 이것이 우리의 현실이지만, 고등학교 3년의 입시전쟁을 치른 청년들이 취업전쟁을 위해 4, 5년을 교정에서 보내고 있다. 대학생활의 낭만은 일명 금수저들만 누릴 수 있는 그림의 떡이 되고 말았다.

자기계발의 사진직 징의는 '자신의 슬기나 사상, 재능 따위를 일깨워 준다.'는 의미를 담고 있다. 사전적 정의는 아주 긍정적이다. 허나 실제로 자기 계발은 곧 스펙 쌓기의 다른 표현에 지나지 않는다. 자기계발은 내 안에 있지도 않는 거인을 깨워 그 거인을 통해 소원을 성취하게 하는 신기루가 아니다. 그래서는 안 된다. 내 안에는 소원을 들어 줄 거인이 있지 않다. 나는 알라딘의 마술램프가 아니기 때문이다. 자기계발이란 내 속의 잠자는 거인을 깨우는 작업이 아니다. 오히려 내 속에 잠자고 있는, 혹은 웅크리고 있는 진정한 나, 참자아를 발견하는 과정이다. 쉽게 말하면 나답게 살아가는 것이다.

──────────────── 나답게 살기

파커 팔머는 『삶이 내게 말을 걸어올 때』에서

"내가 알고 있는 신은 우리가 이상적인 자아에 도달하도록 어떤 추상적 기준을 따를 것을 요구하는 존재가 아니다. 신은 단지 우리가 창조된 본성, 즉 우리의 능력과 한계를 그대로 존중하기를 요구한다."고 말한다.

자기계발서나 긍정적 사고방식은 내면에 잠재된 거인을 깨우라고 다그치면서 현재의 모습, 즉 실존을 부정하도록 종용한다. 반면 팔머는 자신의 능력과 한계를 그대로 존중하라고 말한다. 그는 "내가 본연의 나와 상관없는 어떤 훌륭한 일을 하려고 하면, 한동안은 남에게나 나에게 근사해 보일지도 모른다. 하지만 내 한계를 넘어섰다는 사실은 결국 그에 상응하는 결과를 맞는다. 나 자신과, 남을, 우리의 관계를 왜곡시키게 된다. 그리고 결국에는 이 '좋은' 일을 시작하지 않은 것보다도 더 큰 해악을 끼치고 말 것이다"라고 경고한다. 하지만 그것은 단순히 부정적인, 절망적인 상태를 의미하는 것이 아니다. 오히려 그것은 신의 인도하심이라고 말하였다. 실제로 그는 "소리쳐 부

르고 어깨를 두드리고 돌을 던져도 소용없자 인생은 나에게 우울증
이라는 핵폭탄을 터뜨렸다. 그것은 나를 죽이려는 의도가 아니라 나
를 돌려세워 '당신이 원하는 게 무엇입니까?'라고 묻기 위한 최후의
노력이었다."라고 말한다.

　우리는 종종 초등학교의 도덕시간에, 혹은 어린 시절 교회에서 배
운 도덕적 잣대를 가치판단의 기준으로 삼는다. 현재의 모습에 대해
회의 내지 부정하고, 앞으로 되어야 하는 어떤 모습을 존재의 근원이
라고 믿으려 한다. 하지만 미래의 불확실한 모습이 진정한 내가 아니
다. 현재의 나, 비록 부족하고, 불만족스럽더라도 지금 있는 그대로
의 모습을 인정하지 못한다면 자기를 부정하는 행위에 지나지 않는
다. 다시 말해 '되어야 하는 모습'에 집중하는 자기계발을 추구하다
보면 어느 순간 우리의 내면은 공허해질 수밖에 없고, 그 결과 우울
증이라는 현대인의 질병이 시작되는 것이다. 그러나 이는 절망의 징
후가 아닌, 오히려 우리의 삶을 돌이켜 보고 무엇을 위한 스펙 쌓기
인지를 점검해야 할 시점인 것이다.

　한밤중에 깨어나 '지금 내 삶이 정말 내가 원하던 것일까?'를 물으
며 잠을 설쳐 본 적이 누구에게나 있을 것이다. '누구보다 열심히'는
아니더라도 다른 사람이 하는 만큼, 다른 사람들이 살아가는 방식과
동일하게 살고 있는데 '나는 지금 잘 살고 있는 건가?'를 자문한다.
그리고 그런 상태가 지속된다면 어느 순간 우리는 '탈진' 상태에 이

르게 된다. 파커 팔머는 탈진을 '내가 갖고 있지 않은 것을 주려고 하면서 생기는 질환'으로 진단한다. 취업을 위해 열심히 스펙을 쌓아왔는데, 그 스펙이 오히려 자아의 일부분으로 녹아지지 않아 탈진에 이르게 되고, 탈진을 방치하면 결국 우울증에 빠지고 마는 것이 아닐까. 이러한 상태를 방지하기 위해서라도 우리는 '나답게 살기'를 추구해야 한다.

나답게 사는 방법

나답게 산다는 것은 무엇일까? 일단 현재의 나의 모습을 소중하게 받아들이는 것이 첫 걸음이다. 지금의 나는 그동안 만나서 관계를 맺어왔던 무수한 사람들 속에서 형성되었다는 사실을 인식해야 한다. 다시 말해 나는 그들 때문에 지금의 내가 된 것이다. 데스몬드 투투가 소개한 남아공 사람들의 인사인 '우분투'가 그런 뜻이다. '나는 당신 때문에 존재한다.'(I am because of you). 에드 시런(Ed Sheeran)의 〈Castle on the Hill〉이라는 노래에도 같은 맥락의 가사가 나온다. "But these people raised me." 가수의 오랜 친구들 중에는 어떤 이는 옷을 팔고 있고, 어떤 이는 해안가에서 일을 하고 있으며, 누군가는 자녀 둘과 살다가 지금은 혼자 살고 있고, 어떤 친구는 약물 중독으로, 한 친구는 두 번째 부인과 살고 있지만 그들이 지금의 자신을 빚어왔다는 사실을 인정하는 내용이다. 따라서 만약 지금의 나 자신을 부정한다면 그것은 곧 내 삶에 영향을 준 수많은 사람들을 부정하는 결과로 이어지는 것이다.

우리는 지나치게 미래를 신뢰하는 경향이 있다. 나 자신뿐만 아니라 지금, 이 자리에서 나와 관계를 맺고 있는 사람들과의 만남을 즐겨야 하는데 그러한 기쁨을 불확실한 미래로 미뤄두어야 한다는 강박증을 지니고 산다. 오늘 할 일을 내일로 미루지 말자.

나답게 살기 위해 기억해야 할 또 다른 한 가지는 나는 세상에 유일무이한 존재이며, 따라서 세상의 관점으로 가치 판단을 할 수 없는 소중한 존재임을 인식하는 것이다. 플라톤이 인간은 깃털이 없는 두 발 짐승이라고 정의하자, 디오게네스가 수탉의 털을 뽑아 아카데미 안으로 가지고 들어왔다고 한다. 인간은 동물학적 개념으로 설명하려는 시도에 일침을 가하는 행동으로 이해할 수 있을 것이다. 나치가 등장하기 직전 독일에서는 다음과 같은 주장이 자주 인용되었다고 한다.

"인간의 몸은 비누 일곱 조각을 만들어 낼 수 있는 지방질과 중간 크기의 못 하나 만들 수 있는 철분, 2천 개의 성냥 알을 만들 수 있는 인, 그리고 한 사람의 몸에 붙어 있는 벼룩을 모두 없앨 수 있는 유황을 내포하고 있다"(『누가 사람이냐』, 아브라함 요수아 헤셸).

유대인 랍비 아브라함 헤셸은 이러한 인간 이해가 나치의 등장을 부추겼고, 결국 나치가 죽음의 수용소에서 인간의 육체로 비누를 만든 행위와 연결되었을 것이라고 추정한다.

나는 모든 사람(everybody)이 아니다. 어느 누구도 내 삶을 살아줄 수 없다. 나는 어떤 사람으로, 어떤 인격으로 복제하거나 대체될 수 없다. 따라서 나는 '모든 사람'이 아니라 '어떤 사람'(somebody)이다 (헤셸). 그러니 외부의 평가에 주눅 들지 말자. 다른 사람의 충고를 무시하지는 말아야겠지만, 그렇다고 현재의 내 모습을 부정하는데 까지 이르지는 말자. 광활한 우주 한가운데 소멸할 수밖에 없는 작은 점에 불과하다고 생각하면 불안해 떨 수밖에 없다. 그럴 때는 관점을 바꿔보자. 광활한 우주 한가운데 내가 있다는 놀라움, 어느 누구도 대신할 수 없는 유일무이한 특별한 존재요, 내가 존재하기에 세상이 존재하는 것이다.

삶은 그럼에도 행복해야 한다

장애인들과 8년 정도 같이 생활한 적이 있다. 일주일에 5일을, 오전 9시부터 오후 5시까지 운영하는 장애인 주간보호센터에서 함께 지내던 시절이었다. 이 주간보호센터는 주로 자폐 및 발달 장애를 가진 친구들로 구성되어 있었다. 그들은 종종 소리를 지르거나(거의 울부짖는 수준으로), 펄쩍펄쩍 뛰거나(머리가 천정에 닿을 정도로, 혹은 바닥이 꺼질 정도로- 체중이 120kg에 육박하는 친구들이 여럿 있다), 자신의 얼굴이나 팔을 사정없이 때리거나, 앞으로 고꾸라져 온 몸을 부들부들 떨면서 경기를 일으키곤 했다. 그리고 대소변을 잘 못 가려서 반나절 창문을 열어놓는 일은 하루의 일과 중 하나였다. 추운 겨울에는 정말이지 심각한 고민을 해야 했다. 추위와 똥냄새 중에 무엇을 선택할 것인가? 하지만 이런 일들은 다른 기관의 중증 장애를 가진 친구들과 비교하면 별 것 아니었다.

　하루의 일과 중 하나인 주간보호센터 선생님들과 아이들이 대전천 변을 산책을 하고 있을 때였다. 보통 점심식사를 하고 소화를 시킬 겸, 운동도 할 겸 해서 거의 매일 30분 이상을 같이 걷는다. 덩치 큰 친구들이 두세 명씩 손을 잡고 걸어가는 모습을 보노라면 웃음이 절로 나온다. 때로 돌발적인 행동을 하는 친구들이 그룹을 일탈하는 경우도 있었지만, 그럴 때면 주변의 다른 친구들이 소리를 지르고, 펄쩍펄쩍 뛰면서 이 상황을 선생님들에게 알려 준다.

　산책을 하던 중 20대 중반의 자폐 장애인 현구와 그의 엄마와 마주쳤다. 두 사람은 센터 선생님들과 평소 알고 지내는 사이였다. 우리 무리를 보자마자 현구 엄마가 다가와서는 뜬금없이 "너희들은 참 행복하겠다."라고 말씀하셨다. 그 집 상황을 잘 알고 있는 선생님들은 모두 미안함과 안쓰러움으로 고개를 끄덕였다.

　현구는 스무 살 중반의 자폐장애인이다. 한 덩치 하는 데다가 감정을 통제하는 데 큰 어려움을 겪고 있다. 장애인 주간보호센터를 여러 곳 다녀봤지만, 현구가 다른 친구들이나 선생님들을 향해 돌발적으로 주먹을 휘둘러 병원 치료까지 받는 일이 종종 일어났었다. 어떤 곳에서도 현구를 감당할 만한 주간보호센터가 없었다. 현구 엄마는 급기야 정신과 병원에 입원도 시켜보았지만, 그곳에서도 감당할 수 없어서 지금은 엄마랑 온 종일 같이 다니고 있다. 엄마랑 같이 있다 해서 문제가 해결되는 것은 아니었다. 자기감정을 조절하는 능력이 부족해 엄마를 때리는 일이 종종 있었다. 현구 엄마는 대전천변을 산책하다가 갑자기 현구가 엄마를 막무가내로 때리기 시작하면, 엄마는 달아나다가 물속으로 뛰어들었던 일도 몇 번이나 있을 정도였다. 얼마나 힘들까? 무슨 낙으로 사는 걸까? 이런 생각을 하니 마음이 먹먹해지고 가슴이 답답해졌다.

너무 힘들 때면 현구 엄마는 남편에게 이렇게 말하곤 한다.
"여보, 당신이 현구 데리고 먼저 가요. 나는 딸 시집보내고 곧바로 뒤따라 갈 테니까요."

현구 엄마에게 내가 함께 했던 주간보호센터 친구들과 그들의 부모들은 부러움의 대상이다. 자기 아들보다 더 나아보이고, 이렇게 좋은 센터에서 지낼 수 있으니 말이다. 그래서 만날 때마다 "너희들은 참 행복하겠다."라고 말했던 것이었다.

"그럼에도 삶에 대해 '예'라고 말하네."

빅터 프랑클(Viktor Emil Frankl)의 『죽음의 수용소에서』라는 책은 제2차 세계대전 중 독일 나치의 강제 수용소에서의 경험담을 토대로 저술된 것이다. 유대인이라는 이유로 감옥에서 처참한 시간들을 보내야 했던 프랑클은 그런 극단적인 상황에서도 삶의 의미를 찾으려는 노력이 삶을 포기하지 않게 하는 힘이 되었다고 말한다. 말할 수 없는 고통 속에서 죽음만이 고통으로부터의 탈출구로 여겨졌던 상황에서도 주변 사람들에게 자신이 가진 빵조각을 나누고, 담배 한 개비라도 나눠 피는 사람들이 끝까지 살아남을 가능성이 높다는 사실을 그는 발견했다. 그는 말한다. "어떤 혹독한 환경도 내가 허락하지 않는 한 나의 존엄성을 무너뜨릴 수 없다." 나아가 인생이 던지는 다양한 물음에 하나하나 답해 가는 과정에서 행복이 온다고 말했다. 『죽음의 수용소에서』의 독일어 원제는 "그럼에도 삶에 대해 '예'라고 말하네."이다. 이는 부켄발트 수용소에 갇힌 유대인들이 만든 노래에서 따온 것으로 알려져 있다.

자폐 및 발달장애로 갖고 태어난 혜정이는 이제 20대 중반을 넘어섰다. 10년 전 혜정이를 만났다. 내가 목회하고 있던 교회에서 장애 아이들을 돌보는 장애인 주간보호센터를 시작하면서부터 알게 되었다. 혜정이는 누구보다 나를 잘 따랐다. 나이를 먹어갈수록 자기 얼굴을 때리고 소리 지르는 일이 잦아지자 혜정이 엄마는 조금씩 지쳐 갔다. 사실 혜정 엄마는 누구보다 강한 사람이었다. 그렇게 힘들어도 내색하지 않고 맡은 일을 감당하는 억척스러운 여성이었다. 혜정이 하나만으로도 감당하기 어려운데 혜정이와 비슷한 아이들을 돌보겠다고 장애인센터를 시작한 것만으로도 그분이 얼마나 아금받게 삶을 살아내려고 하는지를 짐작할 수 있다.

몸집이 불어난 혜정이가 넘어져 팔에 골절상을 입었던 일이 있었다. 평소엔 "얘가 내 인생의 최대 골칫덩어리"라고 농담반 진담반 투덜거리던 혜정 엄마가 이런 고백을 했다.

"하루하루 평범한 일상이 기적입니다. 병원에 입원해 있는 동안 먹이고 씻기고 입히고 재웠어요. 이것이 혜정이가 태어나면서 제게 준 선물이었어요. 어느 날 저를 돌아보니 현실에 분노하고, 낙망한 채 그렇게 살고 있었더라고요. 말 그대로 막 살고 있었더라고요. 가슴이 미어질 정도로 사랑하는 아이 때문에 엄마인 내가 힘들어 했었더라고요. 언제인지는 몰라도 우리에게도 정해진 시간이 있는데 말이죠. 이별 뒤에 남겨질 후회를 덜기 위해 이젠 머리에서 가슴으로 살아야겠어요. 먼 훗날 오늘을 기억하며 미소 지을 수 있도록 말이에요. 그래도 나는 아이와 함께 한 시간들이 가장 행복했었다고요. 사랑합니다. 가슴 아픈 우리 어머니들."

혜정 엄마는 지금도 나로서는 감당할 수 없을 것만 같은 현실과 겨루면서 씩씩하게 살고 있다. 삶이 우리를 속일지라도, 삶이 우리를 비웃을지라도, 포기하지 않고 자신의 삶을 긍정(예)하는 이 땅의 수많은 혜정 엄마들에게 뜨거운 박수를 보낸다. 동시에 작은 어려움에도 애면글면 살아가는 나 자신의 모습에 얼굴이 화끈거린다. 때론 가슴 아픈 현실을 마주해야만 하고 일상이 아픔인 우리들을 위해 한 친구의 기도문을 소개한다.

"하느님, 내가 바꿀 수 없는 것에 대해 견딜 수 있도록 힘을 주십시오. 그리고 내가 바꿀 수 있는 것을 바꿀 수 있도록 힘을 주십시오. 그리고 내가 할 수 없는 게 뭐고 할 수 있는 게 뭔지 알아볼 수 있는 지혜를 주십시오."

한 벌의 외투로 만족할 수 있는 삶

날씨가 갑자기 추워졌다. 100년 만의 폭염이라느니, 한반도 기후가 아열대로 바뀌었다느니, 이상 기후로 생태계가 큰 혼란에 빠지고 대재앙이 우려된다느니 하는, 듣기만 해도 우울해지는 소식들이 연일 이어지더니, 불과 며칠 만에 한 여름에서 늦가을로, 이제는 초겨울로 접어든 느낌이다. 막새바람을 기대하며 가벼운 옷차림으로 외출했다가는 낭패 보기 일쑤다. 해거름이 되자 으스스한 추위에 몸서리를 치며 '멋은 아무나 내는 것이 아니구나.'라는 생각에 서둘러 집으로 향한다. 이런 일을 몇 번 반복하면서 얻은 학습의 결과가 카디건 챙기기다. 옷징에서 주섬주섬 털실로 짠 카디건을 꺼내 가방에 챙겨 넣고 집을 나서기 시작한다. 하지만 아직도 길거리엔 반팔, 반바지를 입고 활보하고 다니는 사람들도 있는데, 지레 겁을 먹다니. 아! 이렇게 나이 먹었음을 스스로 입증하고 있는 셈이다. 이제 몇 주 지나면 지난 봄 드라이클리닝을 하고 옷장에 걸어 둔 외투를 꺼내 입을 겨울이 오겠구나 생각하니 시간의 속도를 새삼 실감하게 된다.

2017년 11월, 러시아 블라디보스토크와 하바롭스크를 다녀왔다. 확실히 러시아는 우리나라보다 꽤 추웠다. 그곳 사람들은 '골감기'가 들 것에 대비하여 외출할 때는 털모자를 필수로 챙긴다고 한다. '골감기'는 러시아 등 추운 곳에서 털모자 등으로 머리를 보호하지 않으면 심한 두통을 유발하는 감기를 말한다. 블라디보스토크에서 관광을 하는데 한 러시아 남자가 털모자를 사라고 외친다. 그것도 한국말로. 우리일행이 한국인임을 감지하자마자 우리 뒤를 졸졸 따라오면서 적극적으로 구애를 펼친다. 그 틈에서 누군가는 가격을 흥정하지만, 턱없이 낮은 금액에 털모자 장수는 들은 척도 안했다. 날씨가 조금만 더 추웠어도 하나쯤 사줬을 텐데. 털모자를 쓸 정도의 추위는 아니었던 것이다.

러시아 사람들은 기나긴 겨울을 견디기 위해서는 털모자뿐 아니라 두툼한 외투 한 벌은 필수다. 굳이 러시아가 아니더라도 우리의 겨울도 만만치 않은 추위를 자랑한다. 추위를 많이 타는 나와 같은 체질, 체형에는 성발이시 괜찮은 외투 한 벌만 있어도 든든하다. 지난겨울 서울의 한 대형교회의 부자 세습에 반대하는 시위에 참가하기 위해 대전에서 서울에 올라갔을 때의 추위는 생각만 해도 아찔하다. 대전이 그다지 춥지 않아 살짝 가벼운 외투를 입고, 장갑도 끼지 않고 시위에 참가했다가 감기에 호되게 걸려 며칠 앓았기 때문이다.

외투 한 벌에 웃고 우는 작은 인간

고골의 『외투』는 한 시간 정도면 읽을 수 있는 단편소설이다. 고골은 러시아의 사실주의 작가로, 도스토예프스키는 "러시아의 작가는 모두 고골의 『외투』에서 나왔다"고 할 정도로 그를 러시아 문학의 원조라는 극찬을 아끼지 않는다.

이 책의 주인공은 아카키 아카키예비치라는 말단 공무원이다. 그의 이름의 뜻은 한 성인(saint)의 이름에서 따온 것이라는 설도 있지만 일반적으로 '응가'를 의미한다. 체구도 작고, 그가 하는 일도 누구도 알아주지 않는다. 하여, 그를 '작은 인간'이라고 부르곤 한다. 한마디로 그는 세상에서 존재감이 없는 인간이요, 심하게 노골적으로 말하면 "똥"과 같은 존재다. 아카키는 문서를 정서(필사)하는 업무를 수행하는 성실한 인물로 그려진다. 그는 "다양하고 즐거운 자신만의 어떤 세계를 발견한"사람이었다. 비록 남들이 알아주지 않고 지루하기 짝이 없는 일이었지만, 그는 "애정을 갖고 근무"했다.

하는 일이 아무리 지루하고 지겹더라도 자신의 일에 만족하며 보람을 느끼고 있다면 남들이 알아주지 않는다 하더라도 살아갈 수 있는 것일까? 자신의 일에 애정을 갖고 임한다면 나름 자아실현을 이룬 삶이라 말할 수 있을까? 실제로 아카키는 자신의 직업에서 의미를 찾고 있었고, 남들이 경험할 수 없는 세계를 발견할 정도로 그 일에 심취해 있었다. 우리가 살아가는데 이 정도면 되는 거 아닐까?

하지만 우리가 살아가는 현실은 매몰차다. 때로는 무서울 정도로 몰인정하고, 돈이라면 끔찍한 일도 마다 하지 않는다. 때문에 보잘 것 없고, 형편없는 직업일지라도, 남들이 알아주지 않아도 자신의 일에서 새로운 세계를 발견하고 있다고 자위하더라도, 인간으로서의 존재감을 인정받지 못한다면, 그리고 그것이 가장 기본적인 생계 문제와 직결된다면 얘기가 달라질 수밖에 없다. 자본주의 사회는 돈과 지위로 인정받는 사회이고, 따라서 먹고사는 문제를 해결할 수 없는 직업은 자본주의 사회에서 살아가기 불가능해 보인다. 어느 누구로부터도 존재감을 인정받지 못하는 투명인간은 이 땅에서 살아갈 수 없다.

아카키는 자신의 일에 만족한 채 쥐꼬리만 한 월급으로 그럭저럭 살아갔다. 하지만 매서운 추위를 견디는 데 필수품이 외투 한 벌 살 수 없을 정도의 박봉이라면, 인간다운 삶은 다른 나라 이야기다. 고골은 그의 인생을 다음과 같이 평가한다.

"날아온 파리 한 마리가 응접실을 지나가는 듯 전혀 거들떠보지도 않았다."
"처음부터 존재하지도 않았던... 누구의 보호나 사랑도 받지 못하고, 흔한 파리 한 마리도 놓치지 않고 핀으로 꽂아 현미경을 들이대는 자연 관측자의 관심조차 끌지 못했던 존재"

겨울의 북풍을 막아 줄 외투가 해져서 더 이상 꿰매 입을 수 없는 지경에 이르자 그는 식사량을 줄였고, 몸을 녹여 줄 차 한잔도 마시지 않았으며, 걸으면서도 구두 굽을 걱정했다. 아끼고 절약해 가까스로 새 외투를 구입했다. "이날은 [그]의 생애에 있어서 최고의 날이었다." 새 외투를 구입한 것을 축하하기 위해 상관이 파티를 열어 직원들을 초대했다. 여기까지는 검소하고 성실한 사람의 승리처럼 보인다.

하지만 신은 작은 인간의 행복을 오래 허락하지 않았다. 늦은 밤 귀가 중에 불량배들이 나타나 아카키의 외투를 빼앗아 갔던 것이다. 경찰에도 신고해 보고, 유력인사를 찾아가 보기도 했지만 그는 인생에서 한 번도 들어보지 못한 자존심을 짓밟는 말을 듣고 철저히 무시를 당한채 쫓겨났다. 시름시름 앓다가 죽고 말았다. 하지만 소설은 여기에서 끝나지 않는다. 그는 구천을 떠돌면서 사람들에게 외투를 빼앗는 유령이 된 것이다. 그리고 그를 무시했던 유력인사 외투를 빼앗은 후로는 더 이상 그는 나타나지 않았다.

우리는 성실하세, 검소하게 살면 안정된 삶을 살 수 있다는 신화를 믿고 산다. 하지만 고골은 성실하고 검소하게 살지만 조금도 개선되지 않는 주인공의 삶을 통해 러시아의 경제 구조를 꼬집고 있다. 고골이 1809-1852년의 사람이었지만 이 책이 우리 사회의 거짓 신화를 비웃고 있기 때문에 지금도 많은 독자들로부터 사랑을 받고 있는 것이리라.

　평생을 가난하게 살면서 어렵사리 집 한 채 장만하려는 친구가 있었다. 원하는 집이 눈앞에 나타나자 그 집을 사기로 결정했다. 돈이 약간 부족해 두 달 정도만 더 부지런히 일을 하면 될 것 같아 계약을 잠시 미루고 열심히 일을 했다. 원하는 집에 들어가 이사 걱정 않고 살 생각을 하니 힘들어도 견딜 수 있었다. 그리고 때가 이르자 부동산을 찾아갔다. 그랬는데 그는 절망하고 말았다. 그새 집값이 수천만 원 뛴 것이다.

──────────── 나는 욕망한다. 고로 나는 존재한다.

　누군가는 욕심을 버리라고 말한다. 고통은 욕심 때문에 나오는 것이며, 따라서 욕심을 버려야 행복해질 수 있다고 말한다. 어느 정도 그 말에 동의한다. 하지만 서민이 이사 걱정 그만하고 안정적으로 살고 싶은 것이 어디 욕심이라 할 수 있겠는가. 매서운 추위를 버틸 수 있는 따뜻한 외투 한 벌에 대한 욕심, 환자가 돈 걱정하지 않고 아픈 곳을 치료받고 싶은 욕심, 내일은 무엇을 먹을 지를 고민하지 않을 만큼의 욕심이 어찌 욕심이라 할 수 있을까.

　자크 라캉은 상상계와 상징계, 실재계를 통해 인간의 욕망을 세 가지로 구분했다. 욕구(needs)와 요구, 그리고 욕망. 욕구는 인간이 살아가는데 필요한 기본적인 것으로, 배가 고프면 먹을 것을, 졸리면 잠을, 그리고 추우면 옷을 찾는 것이 욕구라고 말했다. 이것은 모든 인간이 충족해야 해소될 수 있는 것이다. 물론 이것을 언어로 표현할 때 비로소 그 욕구는 충족될 수 있다. 그리고 언어로 표현하는 과정은 타자가 존재할 때만이 가능하다. 라캉에게 있어서 주체는 결국 타자가 존재할 때라야 가능한 것이며, 타자가 주체의 욕구를 충족시켜 줄 것을 희망한다. 그 과정에서 욕망이 발생한다. 왜냐하면 주체는 자신의 욕구를 언어로 완벽하게 표현할 수 없기 때문에, 언어와 실재 간에 필연적으로 간극이 발생하기 때문이다. 욕망은, 따라서, 요구에서 욕구를 뺀 것이다. 다시 말해 인간의 욕망은 결코 충족될 수 없는 것이며, 타자에게 자신의 욕구를 충족시켜 줄 것을 요구할수록, 그 간극은 갈수록 커질 뿐이다. 라캉에게 욕망은 타인의 욕망일 뿐이다.

여기서 라캉의 욕망이론을 구구절절 설명할 수는 없고, 그럴 능력도 없다. 다만 하고 싶은 말은 아카키가 바랐던 것이 과연 욕망인가 라는 것이다. 혹독한 겨울을 나는데 필요한 외투 한 벌을 사려고 먹을 것 안 먹고, 허리띠 졸라매며 살아야 하는 현실이 너무 야박하고 매정할 따름이다. 사실 우리는 무언가를 욕망함으로 나를 발견하게 된다. 절대 그 욕망을 충족할 수 없기에 자신의 존재와 한계를 인식하게 되는 것이요, 그 욕망의 주체가 되는 순간 진정한 나를 발견할 수 있는 것이다. 따라서 아카키에게 외투는 타자들의 욕망인 동시에 자신의 욕망이 아니던가. 추운 겨울을 버티게 할 외투 한 벌, 집 한채 없는 사람들이 노후 걱정하지 않고 살 집 하나 장만하겠다는 작은 욕망을 누가 비난할 수 있겠는가! 외투 한 벌 없이 한 겨울에 얼어 죽는 사람들, 자기 집이 없어 건물주 눈치 보면서 온갖 설움 꾹꾹 눌러가며 살아가는 세입자들은 오히려 존재하지만 존재하지 않는 것처럼 살아가야 하는 것이 현실이다. 설령 외투 한 벌, 집 한 채 소유하는 것이 타자의 욕망이더라도, 그 정도의 욕망을 품고 사는 것이 무슨 큰 잘못은 아닌 것이다. 그런 의미에서 욕망은 나의 나 됨을 깨닫게 하는 원인이 되며, 나를 나답게 살게 하는데 어느 정도 기여하는 것이다. 그러므로 이렇게 말하고 싶다. "나는 욕망한다. 고로 나는 존재한다."

아모르 파티, 네 운명을 사랑하라

한차례 소나기가 내렸다.

연일 불볕더위가 계속되고, 대지가 목이 말라 숨을 할딱거리는 상황에서 그토록 기다리던 비가 내려준 것이다. 많은 양은 아니었지만 그래도 숨을 돌릴 만큼은 될 듯했다. 아침이 오니 대지와 대지에 뿌리를 박고 살아가는 생명체들이 살랑살랑 춤을 추었다. 기다리던 비가 내려서인지 폐지 줍는 노인네가 당황해 하는 기색이 전혀 없어 보인다. 아스팔트 위로 뿜어내는 40도를 훌쩍 넘는 열기가 소나기 한차례 지나면서 살짝 꺾인 듯, 노인네는 하늘을 우러러보며 빗줄기를 온몸으로 맞이한다. 미처 채우지 못한 수레를 빗물로 가득 채울 양, 가만히 서서 그렇게 빗줄기를 담아낸다.

순간 '저 노인네는 어떤 힘으로 살아가는 것일까?'가 궁금해졌다. 그렇다고 물어볼 수도 없는 노릇이었다. 그래서 그냥 혼자만의 상상

속에서 그 노인네와 대화를 시작했다.

'이리도 덥고 수레는 무겁기 짝이 없는데 어떻게 사세요?'

그는 아무 대답을 하지 않았다. 그저 하늘을 우러러 볼 뿐이었다. 한줄기의 소낙비에서 삶의 활력을 얻는 산등성이에서 이리저리 뒤틀리며 세월의 인고를 견뎌낸 늙은 소나무처럼, 웅숭깊은 시선으로 하늘을 바라보는 것으로 대답을 대신하는 것 같았다.

며칠 전에도 그는 이 앞을 지나갔었다. 38도를 넘나드는 폭염이 이어지는데 밀짚모자를 쓰고, 폐지와 폐품이 하나 가득 담긴 수레를 밀고 있었다. 아스팔트에서 뿜어내는 열기에 지친 듯, 고개를 푹 숙인 채 말이다. 수레는 그에게 십자가와 같은 짐이었을지, 아니면 생의 의지였을지... 그때는 고통으로만 보였다. 예수에게 십자가가 통과해야 할 고통의 문이었듯, 시지프에게 주어진 형벌이 영원토록 산꼭대기로 밀어 올려야 할 바위였듯 말이다.

시지프 이야기가 나왔으니 잠시 알베르 카뮈 이야기를 해볼까 한다. 카뮈는 죽는 순간까지, 부조리한 삶에 대한 고민을 했던 소설가이자 철학자였다. 대학 시절 처음 카뮈를 만났다. 신학교에 입학한 이후 인생에 대해, 신앙에 대해 심각하게 고민을 하던 끝에 대학을 그만둘까 고민하던 때였다. 결국 주변의 만류로 자퇴서가 아닌 휴학계를 내고 교정을 나서면서 카뮈의 『이방인』을 읽기 시작했다. 1학기 말로 휴학을 했으니 태양이 강렬한 여름철이었다. 휴학계를 던질 때는 왠지 허전하고 헛헛할 것 같은 기분이 들 줄 알았는데, 전혀 그렇지 않았다. 오히려 홀가분한 기분이 들었다. 무거운 짐을 내던진 기분이랄까. 그리고 집까지 한 시간 이상을 걸어오면서 이 책을 읽었다.

태양 때문에 아랍인을 죽였다고 재판과정에서 진술한 뫼르소. 어머니의 장례식에서 눈물을 흘리지 않았다는 이유로 피도 눈물도 없는 살인마로 낙인찍힌 채 사형선고를 받기에 이른다. 어머니의 사망 소식을 접하고 무덤덤하게, 적어도 겉으로는, 장례식을 치른 것은 사실이었지만, 그렇다고 그가 다른 사람들이 생각하는 것처럼 철면피는 아니었다.

"아주 오랜만에 다시, 나는 엄마를 생각했다. 그녀가 왜 삶의 끝에서 '약혼자'를 갖게 되었는지, 왜 그녀가 새로운 시작을 시도했는지 이해할 수 있을 것 같았다. 거기도, 역시, 삶이 점차 희미해져 가는 그 양로원에서도, 저녁은 씁쓸한 휴식 같은 것이었다. 죽음에 인접해서야, 엄마는 해방감을 느끼고, 모든 것을 다시 살아 볼 준비가 됐다고 느꼈음에 틀림없었다. 누구도, 그 누구도 그녀의 죽음에 울 권리를 가지고 있지 못하다. 그리고 나도 또한."

세상은 부조리로 가득 차 있다. 아니 세상은 부조리 그 자체라고 말하는 것이 적실한 표현일 것이다. 부조리한 세상에서 벗어날 수 있는 가장 확실한 방법은 자살이다. 하지만 카뮈는 자살이 아니라 부조리한 현실을 응시하라고 말한다. 세상이 우리의 삶을 소외시키고 이방인으로 만들지라도, 그 속에서 포기하지도, 거부하거나 부정하지도 말고, 자신에게 쏟아지는 비난과 증오를 온 몸으로 받으며 뚜벅뚜벅 죽음을 향해 걸어가겠다는 의지를 뫼르소를 통해 읽을 수 있었다. 운명을 있는 그대로, 겸허하게 말이다.

시지프의 신화

죽을 운명을 벗어나기 위해 저승의 신 하데스를 속인 시지프는 결국 제우스에게 영원히 바위를 산꼭대기로 밀어 올리는 형벌을 받게 된다. 산꼭대기로 바위를 밀어 올리면 다시 아래로 굴러 떨어지고, 산 밑으로 내려와 굴러 떨어진 바위를 정상으로 밀어 올리는 것을 무한 반복하는 것은 우리네 인생을 말한다. 다람쥐 쳇바퀴 돌듯 한 부조리한 삶에 무슨 의미가 있을까? '어차피 굴러 떨어질 바위인데 뭣 하러 밀어 올리지?'라고 묻지만 우리는 그렇게 살아가고 있고, 그러한 삶을 벗어날 수 없는 우리네 운명이다. 무의미한 일상의 삶에서 벗어날 수 없다고 느끼는 순간 나 자신은 나로부터 소외되는 이방인이 되고 만다. 그러나 카뮈는 이러한 무의미한 세계, 무상성의 현실에서도 생의 포기나 체념이 아니라 '응시'를 요구한다. 부조리한 세상에 대한 반항 혹은 저항이야말로 우리를 살게 하는 추동력이 된다는 것이다.

카뮈는 그러한 삶의 자세를 부조리에 대한 긍정이란 말로 설명했다. 부조리한 현실에서 체념하거나 외면하거나 혹은 타협하는 것이 아니라, 바꿀 수 없는 운명이라면 부정하지 않고 온 몸으로 받아들이는 것이 긍정이다. 심지어 죽음마저도 긍정하는 것이다. 그런 의미에서 카뮈는 누구보다도 열정적으로 운명에 대한 사랑, 즉 아모르 파티(amor fati)를 말한 니체와 맥을 같이 한다.

"희망이 없다는 것은 절망한다는 것이 아니다." 절망은 '희망 없음'이라고 생각했는데, 카뮈의 이 글귀를 보면서 그간 잘못 생각하고 있었음을 깨닫는다. '희망 없음'이란 희망의 부재를 말하는 것이지만, 절망은 인간의 극한 상황에서 자신의 유한성과 허무성을 깨닫는 것이라고 한다. 그렇다면 부조리한 세상은 그 자체로 절망적인 상태일 것이다. 아무리 노력해도 바꾸거나 거부할 수 없는 것이니 말이다. 그러나 절망적 상태, 부조리한 현실에 속수무책으로 당하면서 살라고 말하는 것은 아니다. 거부할 수도, 피할 수도 없는 운명이라면 오히려 그 운명을 내 것으로 받아들이고 사랑하라는 것이 카뮈의 주장이다. 산꼭대기에서 아래로 굴러 떨어진 바위를 향해 걸어 내려오는 순간이 시지프로 하여금 버틸 힘을 주었다. 벗어날 수 없는 비극적 운명에도 잠시 쉴 수 있는 휴지의 순간이 존재하며, 그 순간이 인간다움을 유지하게 하는, 나를 나답게 만드는 기회이다.

폐지 줍는 노인 이야기를 하다가 어떻게 카뮈 이야기까지 와버렸다. 다시 폐지 줍는 노인의 이야기로 돌아가자. 위에서 나는 폐지 줍는 노인네에게 '이리도 덥고 수레는 무겁기 짝이 없는데 어떻게 사세요?'라고 속으로 물었다고 했다. 그런 물음에는 '차라리 죽는 게 낫지 않나요? 사는 게 이리도 고통스러우니 말이에요'라는 생각을 그 밑바닥에 깔고 있었던 것이 아닐까? 의도는 하지 않았지만, 무의식적으로 말이다. 더 나아가 '나 같으면 그냥 다 포기하고 자살할 것 같아요'라고 말이다. 하지만 카뮈의 『이방인』과 『시지프 신화』를 통해 그 노인네의 웅숭깊은 눈빛을 조금이나마 이해할 수 있을 것 같았다. 쏟아지는 소낙비를 온 몸으로 맞이하는 그의 몸짓에 고개를 끄덕이는 수준을 넘어서 숭고함마저 느껴졌다. 그는 피할 수 없는 운명에 절망하지 않고, 저항할 수 없는 운명에 그가 저항할 수 있는 유일한 몸짓인 '응시'를 하고 있었던 것이다.

나희덕 시인의 『사라진 손바닥』이라는 시집에 나오는 '비에도 그림자가'라는 시를 읽어보자.

소나기 한 차례 지나고
과일 파는 할머니가 비 맞으며 앉아 있던 자리
사과 궤짝으로 만든 의자 모양의
고슬고슬한 땅 한 조각
젖은 과일을 닦느라 수그린 할머니의 둥근 몸 아래
남몰래 숨어든 비의 그림자
자두 몇 알사면서 훔쳐본 마른하늘 한 조각

과일을 파는 노점상 할머니에게도 소나기가 퍼부었나 보다. 시인은 그 할머니가 앉아 있던 사과궤짝 의자 아래에 남아 있는, 비에 젖지 않는 '고슬고슬한 땅 한 조각'이 남아 있음을, 여전히 '마른하늘 한 조각'이 남아 있음을 발견한다. 그렇다. 우리네 인생이 고단하고 힘겹더라도 분명 "고슬고슬한 땅 한 조각", "마른하늘 한 조각"은 남아 있을 것이다. 영원히 굴러 떨어진 바위를 산 위로 밀어 올릴 운명이라 할지라도, 바위가 산 위에서 아래로 굴러 떨어지는 그 시간만큼의 아주 짧은 휴식의 시간이 존재할 것이다.

연민의 대상이 되지 말라

나의 신혼집은 열 평 남짓의 원룸에서 시작되었다. 아내와 결혼을 앞두고 부모님도 안 계신 상태이고, 돈 한 푼 없었기에, 일 년 정도 대학원 수업 후에 학원에서 영어 강사를 하면서 돈을 벌어야 했다. 그간에 선배 부부가 신혼집으로 아파트 전세에 살았는데, 문간방에 들어와 살도록 해주었다. 남편은 선배였고, 그 아내는 대학 동기였다. 결혼 때까지 집세에 돈쓰지 말고 최대한 아껴 원룸이라도 얻으라고 말이다. 벼룩도 낯짝이 있지, 어찌 신혼부부 집에 들어갈 생각을 하겠는가. 처음엔 극구 사양을 했는데, 어찌나 끈덕지게 들어오라고, 들어와서 딱 일 년 만 살면 되는 거니 너무 부담 갖지 말라고 하는 말에 결국 그 집으로 들어가기로 했던 것이다. 내 인생에 있어서 잊을 수 없는 고마운 분들이다. 지금은 두 아들과 함께 미국에서 살고 있다. 큰 아들은 명문대 재학 중이며 둘째도 곧 명문대에 진학할 예정이란다. 평소 사람들에게 그렇게 잘 해주니 복 받은 것이라고 믿고 싶다.

1998년 3월에 결혼을 했다. 집세로 돈이 안 들어가고, 대학원 등록금은 독지가의 도움을 받고 있던 터였기에, 학원 강사에, 학교 조교로 지내면서 꼬박 일 년 동안 돈을 모으니 천만 원이나 되었다. 그래도 원룸 전세를 얻을 수 있을 만큼 충분하지 않았다. 결혼 후 1,2년 안에 유학을 갈 예정이었기에 아내가 혼수를 최소화하고, 집을 얻는 데 돈을 보탰다. 그렇게 해서 어렵사리 전세 1,600만 원짜리 원룸에 들어갈 수 있게 되었다.

원룸에서 1년 정도 살았다. 그 사이 첫째 딸이 태어났다. 그러다가 여동생이 결혼을 하게 되어 오빠로서 해줄 수 있는 게 뭘까 고민하다가 전세 1,600만원을 빼서 그 중 100만원을 주고, 반지하 1,500만원짜리로 이사했다. 이 일을 생각하면 늘 아내에게 미안하고 고맙다. 몇 번을 생각해도 이승철의 노래, "천 번이고 다시 태어난 데도 그런 사람 또 없을 테죠. 슬픈 내 삶을 따뜻하게 해준 참 고마운 사람입니다"는 아내에게 불러줘야 하는 노래란 생각이 든다. 그런데 제대로 외우지도 못한다.

그렇게 아내와 첫째 딸과의 반지하 생활이 시작되었다. 여름엔 엄청나게 습했고, 손가락만한 그리마(일명 돈벌레)가 장궐했다. 자다가 천정 위를 기어 다니던 그리마가 얼굴 위로 툭 떨어져 비명을 지르며 깼던 적이 한두 번이 아니었다. 하루는 샤워를 하는데 샤워실 창문이 살짝 열렸다. '누군가 엿보는구나.'를 직감하고는 옷을 대충 걸치고 는 빗자루 하나 들고 범인을 추격해 잡기도 했다. 물론 범인을 추격 하면서 경찰에 신고했고, 경찰이 올 때까지 은밀히 뒤쫓아 갔다. 겨 울에는 곰팡이가 장롱 뒤편에 새까맣게 피어올랐고, 어린 딸내미가 너무 걱정이 되어 결국 계약 기간이 채 끝나기도 전에 옥탑 방으로 이사를 가기로 결정했다.

그러나 옥탑 방 생활도 만만치 않았다. 처음엔 햇볕이 잘 든다는 점 이 마음에 들어 크게 고민하지 않고 집을 얻었다. 하지만 여름이 시작 되자 무더위에 시달려야 했고, 겨울엔 추위와 싸워야 했다. 그리고 영 국 런던으로 유학을 떠났다. 가난한 유학생인지라 집을 얻어 다른 사람 들에게 방을 내주는 일명 전전세를 통해 월세 부담을 해결했다. 처음엔 한국 유학생들과 생활하다가, 나중에는 프랑스 사람, 인도 사람들과 함 께 살아야 했다. 나야 낮에는 학교에 간답시고 집을 떠나 있었으니 스 트레스가 덜했지만, 아내는 그때는 표현하지 않았지만 참 많이 힘들었 을 것이다. 지금 생각해도 결혼 때부터 유학생활까지 총 7년 동안의 생 활은 참 서글프고 고달팠다. 원룸 생활도, 옥탑 방 생활도, 유학생활도 어느 것 하나 힘들지 않은 것이 없었다. "우리는 언제쯤 우리 식구들끼 리만 살 수 있을까?" 아내는 아무런 표현을 하지 않았지만, 늘 이런 생 각을 갖고 살았다는 사실을 2006년도에 이르러서야 알게 되었다.

비자 문제가 해결되지 않아 갑작스레 한국에 들어왔다. 예상치 못했던 한국 생활에 집을 얻을 돈이 없었다. 어쩔 수 없이 17평짜리 주공아파트에서 살고 계셨던 큰아버지 댁에서 몇 달을 신세를 지게 되었다. 일찍 부모님을 여읜 나에게 큰아버지, 큰어머니는 부모님 같은 분이셨기에 그 곳에 들어가는 것은 큰 문제는 아니었다. 적어도 내게는 그랬다. 두 어르신들이 방 하나를 쓰시고, 우리 식구 넷이 다른 방 하나를 차지했다. 런던 생활 중에 둘째가 태어났던 것이다.

또 다시 나는 학원 강사와 과외를 하면서 돈을 벌었다. 어느 정도 돈을 모아지자 아내는 장모님의 도움을 받아 옥탑 방 전세 2,000만 원짜리를 구했다. 아직도 옥탑 방에서의 첫날밤을 맞이하는 아내의 표정을 잊을 수 없다. "드디어 결혼 후 몇 년 만에 우리끼리, 우리 식구들만 살게 되었네."라고 노래를 부르듯 감탄을 연발했다. 집이 워낙 좁고 겨울엔 화장실 변기가 꽁꽁 얼고, 여름엔 장난 아니게 뜨거웠고, 바퀴벌레가 출현하는 곳이지만, 아내는 늘 이 행복을 잃지 않으려고 애썼다.

옥탑 집에서 3년 정도 살던 중, 주변에 주공임대아파트 입주를 시도했다. 결혼 후 단 한 차례도 내 집을 마련한 직이 없있고, 이 동네에서 오래 살았고, 나이도 어느 정도 들었고, 자녀도 둘이나 있었던 상황이라 수많은 경쟁자들을 제치고 당당히 두 번째 입주자로 선정되었다. 그때는 아내도 기뻤지만, 나 역시도 너무 감사했다. 여름, 겨울, 계절에 찾아오는 걱정을 하지 않아도 되었고, 이사 걱정도, 주인

눈치 볼 걱정도 하지 않아도 됐기 때문이다.

임대 아파트 생활한 지 대략 10여 년이 지나는 사이 두 아이들이 더 태어났다. 식구가 한 명 늘 때마다 그에 따른 살림은 기하급수적으로 늘어갔고, 최근에는 34평 전월세 아파트로 이사하기에 이르렀다. 34평으로 이사한 후 아내의 얼굴엔 어느 때보다 여유로움과 평안함이 묻어난다.

얼마 전 서울시장의 옥탑 방 체험 뉴스가 여론을 들끓게 했다. 또한 그 시기에 한 유명 목사의 반지하 생활 체험담 설교가 SNS를 통해 떠돌면서 비난의 소리를 들어야 했다. 그들에게 나를 포함한 수많은 서민들의 삶은 체험에 지나지 않는 것이었다. 반지하 체험, 옥탑 방 체험, 장애체험, 대중교통 체험, 직업 체험 등이 계속해서 이슈화되는 이유는 대상에 대한 연민과 동정이기 때문이다. 그들에게 이러한 행동은 서민들을 대상화하는 '쇼'일 뿐이다. 하지만 우리네 삶은 체험이 아니다. 한 해 한 해, 매일매일 생존을 위해 몸부림치면서 살아가야 하는 현실이기 때문이다. 체험삼아 반지하 생활 해보고, 옥탑 방 생활할 여유가 없다. 서민들은 치열하게 살아가면서 옥탑 방, 반지하에서 벗어나고픈 간절한 소망이 있을 뿐이다. 장애인들은 비장애인들처럼 자유롭게 이동할 권리를 찾고 싶을 뿐이다. '체험 삶의 현장'이 아닌, 삶의 현장 자체다. 치열하게 살면서도 소소한 행복을 경험하기도 하고, 박 터지도록 싸워보기도 하고, 가족들 먹여 살리기 위해 죽으라고 돈을 벌기도 하고, 그렇다고 큰돈을 번 것도 아니다. 없어도 있는 척, 힘들어도 아무 일 없는 척, 몰라도 아는 척 하면서, 대부분 그렇게 살아간다.

"어디 사느냐가 중요한 것은 아니다?"라고 말한 한 유명 목사의 말을 도무지 수긍할 수 없다. 백만 명 반지하 생활하는 사람들을 공감하기 위해 반지하 생활을 해보는 건 어떨까... 땅 밑에 살아보는 것이 궁금했다고 아이들이 말했다는 말에 교회 청중들이 박장대소하는 장면에 나 같은 서민들은 전혀 유쾌해 할 수 없다. 서울시장의 옥탑방 체험, 장애 체험 같은 모방 체험은 서민들을 포함해 사회적 약자에 대한 배려가 아닌 연민을 유발하는 행위에 지나지 않으며, 그러한 모방 체험을 통해 사회적 약자들은 타자화 되어 간다. 우리는 누구나 연민의 대상이 되는 것을 원치 않는다. 가난해도, 몸이 불편해도, 큰 불편함 없이, 사회적 차별 없이, 이 사회에서 살아갈 수 있는 환경을 희망할 뿐이다.

아쉽지만 삶은 체험이 아니다. 반지하 체험, 옥탑 방 체험했다고 자랑삼아 떠벌리지 말자. 정말이지 이곳에서 살고 있는 사람들은 이곳을 간절히 벗어나고 싶어 하고 있다. 따라서 "어니 사느냐가 중요한 것이 아니다"라고 말하지 말자. 어디 사느냐는 중요하다. 어디 사느냐의 문제는 곧 주거의 문제이며, 이것은 사람이 살아가는 데 필수 요소인 의식주에서 '주'에 해당하는 영역이기 때문이다. 모든 사람은 쾌적한 환경에서 살 권리가 있다. 그리고 누릴 권리가 있다.

코이의 법칙

코이의 법칙이 있다. '코이'는 비단 잉어의 일종인데 작은 어항에서 자라면 5~8cm 정도 밖에 크지 않지만, 수족관이나 작은 연못에서는 15~25cm까지 자라고, 큰 강물에서는 1미터 이상 성장한단다. 같은 물고기라도 어항에서 자라면 피라미가 되지만 강물에서는 대어가 되는 현상을 두고 '코이의 법칙'이라는 것이다.

이것을 예로 들면서 사람들도 환경의 지배를 받으며 살아가는 존재이며, 물고기가 자라는 환경에 따라 그 크기가 달라지듯, 우리도 어떤 환경에서 지내느냐에 따라 능력이나 미래가 달라질 수 있다고 말한다. 그렇기 때문에 "성공하고 싶으면 성공한 사람들과 친분을 많이 쌓고, 부자가 되고 싶으면 부자들과 친구가 되라"고 강조한다. 빈스 에버트는 '코이의 법칙'을 이용해 용기를 강조한다. 그가 말하고자 하는 요지는 두려움과 걱정 때문에 결정을 내리지 못하면 용기를 통해 얻을 수 있는 다양한 선택권이 사라지게 된다는 것이다.

"두려움으로 머뭇거리는 사람들은 스스로에 대한 긍지가 떨어지면서 동시에 자존감이 낮아질 수밖에 없다. 마치 '코이의 법칙'처럼 말이다." 그런 이유에서 그는 용기를 발휘하라고 독려한다. 용기를 내지 않고 움츠러들면 "열정과 패기는 딱 거기까지만 성장하는 것이다"라고 말하면서 말이다.

한때 무협지 혹은 무협 영화에 심취했던 적이 있었다. 담을 훌쩍 뛰어 넘고, 지붕 위로 가뿐하게 뛰어오르기 위해서 무술 수련자들이 어린 나무 한 그루를 심는다. 그리고는 매일, 하루에 몇 번이고 그 위를 뛰어 넘는다. 그렇게 5년, 10년을 뛰어 넘다보면 어느덧 높은 나무를 거뜬히 뛰어 넘는 주인공을 발견하기에 이른다. 그것을 보고 순진무구했던 때라 어린나무를 폴짝 뛰어넘는 연습을 했다. 담벼락을 가뿐하게 뛰어넘을 날을 기대하면서 매일, 하루에 몇 번씩... 그러다 포기했다. 나무가 충분히 자라기도 전에 이미 내 생각이 너무 커버렸던 것이다. 그런 일이 가능하지 않을 것임을 이른 나이에 깨달은 것이다. 민약 그 때 포기하지 않고 계속 나무를 뛰어 넘었더라면 지금쯤 무협영화 주인공처럼 지붕 위를 자유자재로 넘나들었을라나?

키가 더 컸으면 하는 바람을 가지고 매일 키 크는 상상을 하면서 지냈던 때도 있었다. 아침에 눈을 뜨자마자 기지개를 켜면서 일어났고,

온 종일 허리를 꼿꼿이 세우고, 스트레칭을 하고, 잠이 들 때도 키 크는 꿈을 꾸길 바라는 마음으로 잠이 들었다. 교회에 가면 예배시간 마지막에 목사님이 축도를 하는데, 축도 시간에 교인들이 일어나서 기도하는 것이 전통적인 모습이었다. 그 때 다리와 허리에 힘을 주고 '주여, 올해 5cm만 더 크게 해주세요.'라고 기도하고 있었다. 아주 간절히. 그러나 결국 170cm를 못 넘고 말았다. 기도가 부족했던 것인지, 긍정적인 사고가 약했던 것인지 모르겠지만, 결국 그 기도는 응답받지 못했다.

코이의 법칙이 과학적 근거가 있는지는 잘 모르겠다. 아마도 적어도 코이라는 물고기에게는 사실일지도 모른다. 하지만 모든 물고기가 그런 것은 아니다. 더구나 우리는 코이가 아니다. 우리는 아무리 긍정적인 사고를 갖고 살아도, 자기계발 책이나 자기계발 강사들이 주장하는 것과는 달리 모든 사람이 성공할 수 있는 것은 아니다. 사실 성공하는 사람은 소수이고 대부분은 평범하게 살거나 혹은 실패자로 생을 마감하게 된다. 긍정적으로 사고하지 않았기 때문에 성공하지 못한 것일까? 성공한 사람은 한 번도 부정적인 생각을 해본 적이 없었을까? 그렇지는 않았을 것이다. 사람을 포함해 모든 생명체는 성장하는데 한계가 한계가 있다고 인정하며 살아가는 것이 정답 아닐까.

긍정적 사고방식은 자신의 현재 모습에 만족하지 말고 미래의 다가

올 모습을 상상하라는 것으로 이해할 수 있겠다. 이것은 미래의 좋은 모습에 대한 긍정을 의미하는 것 같지만 사실 이 미래의 모습은 아직 구체화되지 않은, 혹은 실현이 보장되지 않은 것을 마치 실현된 것처럼, 반드시 실현될 것이라는 확신을 가지라고 다그친다. 하지만 이러한 긍정적 사고방식은 결국 현재의 자신을 부정하는 것이다. 지금의 자신을 부정하고 미래의 불확실한 자신을 긍정하라는 것은 어쩐지 모순처럼 느껴지게 된다.

실제로 긍정적 사고방식을 가진 사람들이 일반인들보다 우울증 수치가 더 높게 나왔다는 결과가 있다. 뉴욕 대학교 심리학 교수 가브리엘 외팅겐은

"긍정적인 사고와 판타지를 우리가 사용하고 싶은 용도에 적절한 방식으로 사용해야 한다."고 말하면서 "만약 당신이 더 행복하거나 충만한 기분과 연관시키는 목표를 달성하겠다는 의도라면, 긍정적인 판타지에 목표를 가로막는 장애물에 대한 현실적 사고를 가미하는 것이 중요하다"고 강조한다.

예를 들어 사이가 틀어진 가족과 관계를 회복하고 싶다면, 다시 가까워지면 얼마나 좋을지 상상만 하지 말고, 그 바람을 이루기 위한 단계별 행동을 현실적으로 생각해 보라는 것이다. 외팅겐 교수는 '긍정적인 사고를 다시 생각하다'에서 이런 이중 사고과정을 '정신적 대

비'라고 불렀다(허핑턴 포스트 2016년 2월 4일 자).

긍정적 사고방식, 마인드 컨트롤을 통해 내면에 잠재해 있는 가능성을 깨우고, 성공적인 삶을 살 수 있다고 말하는 자기계발서는 때론 종교적이기까지 하다. 그런 책들을 읽으면 어느 순간 독자들은 가슴이 뜨거워지고, 핑크빛 미래를 꿈꾸면서 그 꿈을 이루기 위해 잠부터 줄인다. 친구들, 가족들과 만나 수다 떠는 시간이 무의미하다고 생각하거나, 혹은 성공한 후에 그런 시간을 갖자며 미래로 현재의 즐거움을 미룬다.

『긍정의 배신』의 저자 바버라 에런라이크는 긍정적 사고방식은 종교의 다른 이름이며 많은 경우 경영주들의 이익도모를 위해 이용되고 있다고 지적한다. 일반적으로 우리는 긍정적 사고방식이 암을 치료하고 면역 체계를 바꾸는데 효과적이라고 믿고 있다. 하지만 세포생물학 박사인 저자는 이런 가설은 전혀 입증할 수 없다고 말한다. 오히려 그는

"면역 체계와 암, 그리고 감정 상태의 관계는 1970년대에 일종의 상상력을 토대로 꿰맞춰진 것"이라며 긍정적인 사고가 암을 유발하는 스트레스를 예방하거나 나아가 병을 치료할 수 있다는 생각은 "성급한 결론"이라고 일갈한다. "긍정적 사고는 고용주의 손에 의해 19세기의 주창자들이 짐작도 하지 못했을 용도로 바뀌었다. 떨치고 일어나 앞으로 나아가라는 권고가 아니라 직장에서의 통제를 위한 수

단, 더 높은 실적을 내라고 들들 볶는 자극제가 되었다. 노먼 빈센트 필의 『적극적 사고방식』을 낸 출판사는 1950년대에 일찌감치 기업 시장으로 눈을 돌려 '임원 여러분, 이 책을 직원들에게 주십시오. 커다란 이익을 낼 것입니다'라는 광고를 냈다.

코이의 법칙이 말하고자 하는 것, 즉 현실에 안주하지 말고, 더 나은 미래, 더 큰 세상을 꿈꾸라는 것이 어느 정도 유익한 면이 있음을 전면 부정하려는 것이 아니다. 하지만 인간의 한계, 개인의 실존에 대해서는 간과한 채 장밋빛 미래만을 강조한 것이 문제라는 점을 지적하고 싶을 뿐이다. 따라잡을 수 없는 이상을 추구하다 보면 자칫 현실과의 괴리감을 느끼고 자괴감에 빠질 수 있음을 유념해야 한다. 지금 여기의 나의 모습을 긍정하고 현실을 즐길 수 있는 삶도 그만큼 소중하다는 사실을 기억하자. 더 나아가 긍정적 사고방식보다는 에런라이크가 주장하고 있듯이 현실에 대한 비판적 사고방식이 살아가는 데 훨씬 중요하고 절실하다는 사실을 직시하자.

카르페 디엠(Carpe Diem)-
현재를 잡아라

오십을 바라보는 나이이다. 지천명(知天命), 하늘의 뜻을 아는 나이, 아니 알아야 하는 나이가 아니던가! 그런데, 이 나이에도 종종 그림동화를 읽고 사색에 빠진다. 한동안 대전에서 조치원까지 그림동화책 모임에 다녔다. 5분이면 읽을 수 있는 그림책 한 권을 읽으려고 아침 일찍 지하철 타고, 간선급행버스(BRT)까지 타고, 그리고 또다시 차를 얻어 타고 조치원을 오갔다. 거의 한나절을 소비한 셈이다.

애들이나 읽는 그림동화 책을 읽겠다고 이른 아침 집을 나서는 남편을 보고 아내는 아무 말이 없다. 하지만 무슨 생각을 하고 있는지 눈빛과 얼굴 표정에서 대충 짐작이 간다. '차라리 그 시간에 애들이랑 놀아주지...'

『선인장 호텔』(브렌다 기버슨 저)은 캘리포니아 애리조나 주 남부에서만 볼 수 있는 선인장 사구아로에 관한 이야기이다. 외모는 보잘 것 없는 평범한 선인장 같지만, 수명이 대략 200년 정도이고, 키는 15미터까지 자란다. 사막이라는 척박한 환경에서 자라기에 자신의 생존을 위해서만 존재할 것 같은 편견을 이 책은 무너뜨린다. 물 한 방울이 소중한 사막에서 느리지만 생존을 위한 치열한 싸움을 치르면서도 사구아로는 사막의 동물들에게 안식처이다. 그래서 '선인장 호텔'이다. 그뿐이 아니다. 사막에서 살아가는 일명 인디언들에게 목재는 물론이고 땔감을 제공하며, 갈증으로 생사를 넘나드는 사람에게 목을 축일 수 있는 생명수 역할까지 한다고 하니, 세상에는 그 어느 것도 쓸모없는 것이 없으며, 모두가 다 귀한 존재임을 가르쳐 준다. 최재천 선생의 『생명이 있는 것은 다 아름답다』는 책 제목이 새삼 가슴에 와 닿는다.

책 속으로 들어가 보자. 뜨겁고 메마른 사막의 어느 날, 키 큰 사구아로 선인장에서 빨간 열매 하나가 떨어졌다는 내용으로 책은 시작된다. 그 열매 속에서 씨앗이 나오고, 악조건 속에서 씨앗 하나가 땅에 심겨진다. 그리고 "아주 조금씩 조금씩... 뜨겁고, 춥고, 비 오고, 메마른 날들을 다 견뎌 내"면서 싹을 틔우고, 꽃을 피우고, 열매를 맺으면서 200년이란 세월을 버티어 낸다. 딱따구리 한 마리가 날아와 사구아로 몸통에 구멍을 뚫고 집을 지어도 "선인장은 그래도 괜찮았어요."라는 한 구절이 마음 한 구석 짠한 감동을 전해준다.

"마침내 늙은 선인장 호텔은 거센 바람에 휩쓸려 모래 바닥에 쿵! 하고 쓰러져 죽음을 맞이하지만, 여전히 사구아로는 작은 생명체들의 안식처 역할을 포기하지 않는다.

이 글 첫 머리에 내 나이 지천명, 하늘의 뜻을 아는 나이가 되었다는 말로 글을 열었다. 하늘의 뜻을 알아가기 위한 삶보다는 그저 아등바등 살아온 날이 더 많았다. 더 많은 것을 얻고자 내달리는 폭주 기관차처럼 질주해야 그나마 안심이라고 생각했던 지금보다 더 젊었던 시절, 아니 철없던 시절이 부끄러워진다. 사막의 이글거리는 태양 아래서도 자신의 생존만을 위해 살지 않고, 느리지만 조금씩 자신의 주어진 길을 뚜벅뚜벅 걸어가는 것이야말로 참 생명의 길임을 이 책은 소박하지만, 깊은 울림으로 우리를 일깨운다.

우리는 시간 속에서 살기 때문에 종종 조급해진다. 시간이 돈인 시대를 살고 있기 때문이다. 그래서 최대한 시간을 쪼개서 사용하려고 한다. 시간이 돈이니 아껴 쓰는 것은 당연한 일이 아니던가. 그런데 여기서 놓치지 말아야 할 사실이 있다. 소중한 시간을 쪼개 사용하는 계획적인 삶이 일반적으로 유용하기는 하지만, 사람과의 관계에서는 종종 예외가 발생한다는 것을 유념해야 한다. 시간을 돈으로 여기다 보니 가까운 사람들, 예를 들어 가족들과의 시간 사용도 아깝다고 여기게 된다. 『달려라, 토끼』의 저자 존 업다이크는 "아이들과 말도 하지 않고 지낸다면, 당신은 그저 먹고 돈 버는 기계일 뿐이다"라고 말한다. 누구나 시간을 쪼개서 사용할 정도로 열심히 돈을 벌지만, 누구를 위해서 돈을 벌고 있는지를 망각하면 결국 우선순위가 뒤바뀌고 주객이 전도되는 현상을 살게 되는 것이다.

시간이란 엄밀히 말하면 현재를 말한다. 다가오는 시간은 아직 다가오지 않았으니 존재하지 않는 것이고, 지나간 시간은 사라졌으니 존재하지 않는다. 물론 현재라고 하더라도 찰나적이기에 그 역시 존재하지 않는다고 말할 수 있다. 하지만 시간에는 현재만이 존재할 뿐이다. 그 순간이 찰나적이라 하더라도.

───── 카르페 디엠!

카르페 디엠(Carpe Diem)이라는 말이 있다. 영화 〈죽은 시인의 사회〉에서 키팅 선생이 했던 유명한 대사였다. 이 말은 호라티우스의 라틴어 시에서 유래한 말이라 한다. 이 명언은 "현재를 잡아라"(Seize the day)라고 번역하고 있다. 호라티우스의 시에는 "현재를 잡아라, 가급적 내일이란 말은 최소한만 믿어라"(Carpe diem, quam minimum credula postero)라고 이어진다. 우리가 현재를 소중히 여기지 않는 이유는 내일에 대한 지나친 신뢰 때문일 수 있다. 내일은 존재하지 않는 시간인데, 정작 소중한 일은 내일로 미루고, 덜 소중한 일에 현재를 사용하고 있는 우리네 인생을 꼬집는 시구이다.

현재의 삶에 충실하다는 것은 나에게 주어진 시간과 일을 잘 관리

한다는 뜻이다. 내일은 오지 않는다. 우리는 늘 현재를 살아갈 뿐이기 때문이다. 『가치 있는 삶』의 저자 린드세이는 말한다.

"시간을 현명하게 사용해야 합니다. 인생은 시간으로 이루어져 있습니다. 세상에서 제일 어리석은 이는 시간을 낭비하는 사람입니다. 잃어버린 돈은 다시 모으면 됩니다. 깨진 우정은 다시 회복할 수 있습니다... 하지만 지나간 시간은 영원히 되돌릴 수 없습니다."

인생이란 시간을 살아내는 모습이다. 어떻게 시간을 보냈느냐가 '나'를 결정짓는다. 로마의 시스티나 성당 천장에 그려진 창세기 이야기 〈천지창조〉는 미켈란젤로가 4년 동안 하루도 빠지지 않고 누워서 그린 작품이라고 한다. 미켈란젤로는 이 그림을 그리다가 나중에는 목을 움직일 수조차 없었다. 그러나 하루하루의 노력으로 미켈란젤로는 시대를 뛰어넘는 명작을 남겼다. 위대한 작품이든 평범한 작품이든 하루하루, 현재를 어떻게 사용했느냐의 결과물인 셈이다.

2003년도부터 블로그를 시작했다. 처음엔 블로그가 뭐하는 것인지도 모른 채 시작했다. 그저 나에 대한 흔적을 남겨놓고 싶은 마음에서였다. 시간이 흐르면서 블로그를 사용하는 방법이 익숙해지기 시작했고, 그 곳에 사진, 단상, 책, 영화 내용 등을 짧게는 한 두 문장, 길게는 수십 문단을 기록하게 되었다. 그렇게 해서 이제까지 1,600편 이상의 글을 쓰게 되었다. 지금도 가끔 과거의 글을 읽게 된다. 누군가가 '좋아요'를 누르거나, 댓글을 남기기 때문이다. 때로는 유치하기도 하지만, 때로는 '어떻게 이런 글을 썼을까?'라며 스스로를 대견해 한다. 그런데 유치한 글이든, 잘 쓴 글이든, 그것이 '나'라는 사실이다. 지금의 블로그는 그 때의 생각, 그 당시로서의 '현재'를 기록해서 이루어진 것이듯, 지금의 나는 그 때의 수많은 생각들, 경험, 독서 등을 통해 이루어진 것이다.

우리 사회도 점차 개인이 활용할 수 있는 시간이 늘어나고 있다. 시간이 늘어난다는 것은 곧 자신을 더욱 잘 관리해야 할 때가 되었다는 말이기도 하다. 시간 관리는 다른 말로 자기 관리이기 때문이다. 200년을 살아가는 사구아로 선인장이든, 100세를 살아가는 우리네 인생이든, 중요한 것은 나만을 위한 삶이 아니라는 사실이다. 개인은 홀로 살아가는 자가 아니다. 개인은 다양한 사람들과의 관계를 통해 형성된다. 타자와의 관계를 통해 자아가 형성되고, 다른 사람들 때문에 내가 존재한다. 다시 말하면 개인은 다른 사람들을 위해 살아갈 때 진정한 삶의 의미를 발견하게 된다는 것이다. 시간이란 아끼고, 쪼개서 살아가야 할 것이 아니라, 오히려 누군가와 더불어 살아가면서 의미 있는 삶을 만들어갈 수 있고, 그 과정에서 삶의 기쁨을 경험할 수 있을 것이다.

나는 행복한 나무꾼?

앞에서 말했듯이 내 나이 올해로 쉰이다. 쉰 살은 지천명, 즉 하늘의 뜻을 깨달을 나이라는 말이다. 척보면 세상의 이치를 한 눈에 간파할 나이어야 한다는 뜻이다. 하지만 하늘의 뜻, 세상의 이치는 고사하고, 살을 맞대고 20년을 살고 있는 아내의 마음도 제대로 이해하지 못하고 살고 있다. 아마 우리는 소중한 사람들의 마음 한 구석도 제대로 이해하지 못하고 살고 있는 것은 아닐까! 나를 쏙 빼박은 자식들이 어떤 것을 원하는지, 그들이 가장 크게 고민하고 걱정하는 것이 무엇인지도 잘 모르고 지낸다. 때로는 내가 무엇을 원하는지도, 나 자신이 누구인지도 모르겠다. 그런데 하늘의 뜻을 어찌 알 수 있단 말인가!

서른의 나이에 결혼을 했다. 그 때 아내는 대학을 갓 졸업한 꽃다운 청춘인 스물넷의 나이였다. 결혼 후 다음 해에 첫째가 태어났고, 그 후 4년 반 뒤에 둘째가 태어났다. 딸딸! 여기까지는 아주 평범한 이

야기다. 문제는 그 다음부터다.

둘째가 초등학교 6학년 때, 첫째가 중학교 3학년 때였다. 세미나 참석 차 미국에 갔을 때 아내로부터 카톡 메시지가 날아왔다.

"나 임신했어. ㅠㅠ 나한테 뭔 짓을 한 거야?"

당황스러웠다. 마흔 여섯의 나이에 늦둥이를 키워야 하다니! 재력, 체력 모두 문제였다. 마흔이 된 아내는 노산으로 분류되었기 때문에 "기형아 출산율이 높다"는 의사의 말 한마디에 누구보다 불안해했다. 다행히도 아이는 건강하게 태어났다. 아들이었다. 그래서인지 딸들 보다 더 크게 태어났고, 더 많이 먹었고, 보채거나 우는 소리도 더 크 게 들렸다. 그래도 처음 키워보는 아들이다 보니 감회가 새로웠다.

셋째가 첫 돌을 맞을 무렵 또 다시 2주 간 미국을 다녀올 일이 생겼 다. 집을 떠나기 직전 아내는 뜬금없이 "이번에는 아니겠지?"라고 물 었다. "에이 설마…" 이렇게 말했지만 왠지 모를 불안감이 느껴졌다. 그리고 미국에 도착해서 일주일 정도 시간이 지났을 때 '카톡!', 아내 로부터 온 메시지였디. "뭐야, 이번에도 애가 생겼잖아! 나 어떡해! 이젠 당신 출국금지야. 무슨 미국만 가면 애가 생겨!"

한국에 들어오자마자 아내는 비뇨기과 예약해 뒀으니 당장 다녀오 라고 날 압박했다. 수술을 꺼리는 내 표정을 읽은 아내 왈, "나는 임신하고 출산하면서 그보다 더한 수치심을 감당했는데, 뭘 이 정도 갖고 그러셔”라며, 나를 데리고 병원으로 향했다. 이렇게 나는 내 의지와 무관하게 자손 번식의 가능성을 빼앗기고 말았다.

40대 중후반에 두 아이를 새로 키우면서 이제야 제대로 부모 노릇 해 볼 수 있을 것이라 믿었다. “역시 사람은 어느 정도 나이 먹고 철이 들어 애들을 키워야 해”라는 말을 반복해서 떠벌렸다. 다들 “왜 그랬냐? 어떻게 키우려고 그래?”라고 한소리씩 하면서도 부러워하는 눈치가 역력했다. 그런데 막상 키워보니 장난이 아니었다. 아들은 딸 키울 때보다 두 배 이상의 에너지를 필요로 했다. 날마다 샘솟는 에너지를 소모시켜주지 않으면 자정이 지나도 잠을 자지 않는다. 일찍 재우기 위해 에너지를 빼주려고 하면, 그 전에 내가 방전되어 버린다. “오호라 나는 곤고한 사람이로다!” 조금만 피곤해도 곧바로 쓰러지고, 피로회복제로 하루하루를 버티고 있었다.

막내는 어떠할까? 딸이라 수월할 것 같았지만 그것도 예상을 빗나갔다. 자신의 요구사항이 충족되지 않으면 당장 해내라고 고래고래 소리를 지르는데 삼십 분은 거뜬히 목청껏 울어낸다. 차에 태울 때 카시트에 앉히려는 순간부터 한바탕 전쟁을 치러야 한다. 가까스로 앉힌다 하더라도 상황이 종결된 것은 아니다. 귀청이 떨어져 나갈 정도로 울고 보채니 누구보다 소리에 예민한 나로서는 운전이 불가능할 정도다. 그래서 어쩔 수 없이 스마트폰을 켜서 막둥이가 좋아하는

"콩콩이" 영상을 보여준다. '스마트폰이 없었던 시절엔 어떻게 육아를 감당했을까?' 싶을 정도로 스마트폰이 고마웠다. 그러던 중 갑자기 '선녀와 나무꾼' 이야기가 떠올랐다. 인터넷을 뒤적거려 이 전래동화를 읽어 보았다. 나무꾼의 관점에서 읽어 내려갔다.

가난하지만 착한 나무꾼이 사냥꾼에 쫓기던 사슴을 구해주었다. 사슴은 나무꾼에게 보답하는 마음으로 선녀탕으로 안내해 선녀복을 숨기라고 말한다. 그리고는 아들을 셋 낳을 때까지 절대 선녀복을 돌려주지 말라고 당부한다. 선녀복이 없이 하늘로 올라가지 못한 선녀는 결국 나무꾼과 결혼하고 아들 둘을 낳았다. 어느 날 선녀는 나무꾼에게 선녀복이 잘 있는지, 한번만 입어보고 싶다고, 혹시 이제는 몸이 불어서 옷이 안 맞을지 모르니 살짝 입어만 보겠다고 말한다. 처음엔 사슴의 경고대로 옷을 내어주지 않았지만 아내의 안달에 옷을 내주었다. 그리고는 선녀는 두 아들을 품에 안고 하늘로 올라갔다.

여기까지가 우리가 알고 있는 선녀와 나무꾼 이야기다. 하지만 왜 나무꾼이 선녀복을 건네주었을까를 생각해 보게 되었다. 나무꾼이 착해서, 아내의 말에 속아 넘어간 것일까! 그토록 순진했을까? 가난한 아빠이자 늙어가는 아빠의 입장에서 두 아이를 새로 키우다 보니 '혹시 나무꾼이 일부러 옷을 건네준 것은 아니었을까?'라고 생각해 보았다. 그리고는 킥킥 웃음이 새어 나왔다. 그랬을 것 같다. 애들은 커가는 반면 나무꾼은 늙어간다. 가난했기 때문에 결혼 적령기를 놓쳤다면 더더욱 그랬을 것이다. 나이를 먹어가면서 나무하기는 더 힘에 부쳤고, 따라서 양이 갈수록 줄어들지 않았을까. 애들은 갈수록 먹는 양이 늘어났을 것이고. 만약 여기서 아들 하나를 더 낳는다면? 생각만 해도 너무 비참해질 것 같아서 궁여지책으로 나무꾼이 아내에게 선녀복을 건네주었던 것은 아닐까. 교육, 복지가 완벽한 하늘나라에서, 급식비는 물론이고 등록금 걱정 전혀 할 필요 없는 그곳으로 가서 애들 공부시키라고.

이런 말도 안 되는 상상을 하다 보니 아브라함이 이삭을 바친 사건도 다시 보게 되었다. 100세에 낳은 아들 이삭이 어느 덧 15세 정도의 나이가 되었다. 늦둥이 중의 늦둥이인 이삭을 늙은 아브라함이 얼마나 예뻐했을까. 품안의 자식이라고, 어느 샌가 이삭이 열다섯 살이 되었다. 중2의 나이. 외계인이 지구를 침공하지 못하는 결정적인 이유가 중2 때문이라고 하는 얘기도 있고, 중2는 사람이 아니라고 생각해야 부모가 제 정신으로 버틸 수 있다고 하는 나이가 되었다. 반면 아브라함은 더욱 늙어갔다. 사춘기 아들 키우기 너무 힘들어 하던 아브라함이 고민하다가 내린 결론이 이삭을 제물로 바치는 것이 아니었을까. 속만 썩이는 이삭이 때로는 죽이고 싶을 정도로 미워서.

순전히 내 개인적인 상상의 산물일 뿐이다. 그러니 신학적으로 이상한 해석이라는 둥, 이단 아니냐는 둥 그런 말은 하지 말길 바란다. 얼마 전 2호(중3)가 생일을 맞이했다. 그 동안 모아 둔 용돈으로 패딩

을 한 벌 사려고 하는데 돈이 부족하다며 보태달라는 것이다. 얼마
짜리 살 거냐고 물었더니 30만 원 대란다. 패딩 있는데 또 사냐고 물
으니 유행이 지나서 못 입겠단다. 요즘 그런 것 입고 다니면 왕따 당
한단다. 아빠는 변변한 패딩 한 벌 없이 몇 년을 살았는데… 라고 말
끝을 흐리니 "그건 아빠고"라며 돈이나 내놓으란다. 너무 당당하다.
'아… 아브라함의 심정, 나무꾼의 심정이 이거구나…'

　부모들은 대부분 나와 심정이 비슷하지 않을까? 특히 다둥이와 늦
둥이 키우는 나이 먹은 부모들은 더욱 그럴 것 같다. 솔직히 피곤하
긴 하다. 아, 정말 때론 나무꾼의 바람처럼 가족들 모두 여유 있는 삶
을 살았으면 좋겠다. 또 나도 아무 걱정 없는 삶을 살았으면 좋겠다
는 생각을 해본다. 하지만 그 생각은 잘못된 것이라는 것을 곧 느끼
게 된다. 신기하게도 보고만 있는데도 정말 하는 짓들이 다 예뻐 보
인다. 그래서 '이 맛에 키우는구나.'라는 생각을 하면서 지낸다. 속
을 썩일 때도 있지만 그래도 다 사랑스럽다. 하지만 저질 체력이 문
제다. 한 5분만 놀아줘도 방전이 되고 만다. 그래도 사랑스럽다. 내
게 소중한 모든 것들이 더 좋은 환경에서 살아가고 멋진 선택을 하여
여유 있는 삶을 살기 원하지만 그것은 진짜가 아니다. 지금 내게 소
중하고 뭘해도 사랑스러운 것들을 볼 수 있는 지금이 진짜가 아닐까!
그래서 '내가 왜 이리 고생해야 하지' 같은 생각들은 한 번쯤은 해보
면서도, 꿋꿋하게, 가끔씩 찾아오는 보람에 살 힘을 얻으며 현실을
감내하는 이 땅의 모든 사람들에게 아낌없는 박수를 보낸다.

모임의 유익

독서 모임을 시작한 지 벌써 거의 10년이 다 되어 가는 것 같다. 처음 독서모임은 초등학생들과 시작했다. 매주 토요일 오전에 모여 두 시간 정도 진행했다. 주중에 지정도서를 읽고 반쪽 이상의 소감을 써 와서 나누는 형식이었다. 평소 책과 친하지 않던 아이들에게 책을 읽자고 하고, 모여서 소감을 나누는 일은 만만치 않은 일이었다. 2012년도에 초등학교 2학년이었던 한 녀석의 소감문을 지금도 간직하고 있는데 지금도 가끔 이 글을 읽으면 마음이 유쾌해진다.

"나는 처음에 글쓰기를 쓸 때는 안 쓰고 싶었다... 나는 글쓰기가 이 세상에서 제일 싫었다. 그런데 계속하다보니 재미있기도 하고 실력이 느는 거다... 처음엔 짧은 책을 읽을 때도 어려웠지만 이제는 쪼금 어려운 책도 읽고 쓴다... 나는 어려운 것을 안 하려고 해서 선생님한테 가끔씩 혼난다. 그래서 선생님을 때리고 싶을 때도 있었다.

그런데 참는다. 왜냐하면 나를 가르치는 선생님이기 때문이다....글쓰기를 하면서 느낀 점은 ... 실력이 느는 것은 어려운 일이라는 생각이다... 나는 글쓰기를 포기 안하고 끝까지 쓸 거다.”

그렇다. 책읽기도 어려운 일인데, 읽은 책을 토대로 소감이나 내용을 정리해서 표현하는 일은 너무나 힘겨운 일이다. 하지만 세상에 쉽게 얻을 수 있는 것이 몇 개나 될까? 아울러 독서나 글쓰기가 주는 유익은 우리가 생각하는 것보다 훨씬 크다는 점을 발견할 수 있을 것이다.

독서 모임의 유익 - 친구 사귀기

사실 처음 독서 모임을 시작하게 된 동기는 다름 아닌 외로움 때문이었다. 영국에서 공부하다 비자 문제로 갑작스레 한국에 들어온 터였다. 게다가 준비도 안 된 상태에서 개척교회를 시작했다. 가족들을 부양해야 하니 주중에는 틈틈이 과외로 돈을 벌었고, 따라서 경제적으로는 그다지 부족하지는 않았다. 시간도 어느 정도 자유롭게 사용할 수 있었다. 과외란 것이 학생들을 상대로 하는 일이니 방학 때는 오전이나 오후에, 학기 중에는 저녁이나 밤늦게 일을 시작했다. 자정이 지나서야 집에 들어오면 그냥 자는 것이 못내 아쉬워 텔레비전 리모컨을 만지작거리면서 채널을 돌려보거나, 인터넷으로 여기저기 검색을 했다. 일하는 동안 세상이 어떻게 돌아가는지, 세상으로부터 소외되지 않으려는 무의식의 작용이었다. 그냥 자는 것이 억울해 졸린

눈을 비벼가면서 버틸 만큼 버티다 나 자신도 모르게 잠이 들곤 했고, 그러다보니 아침에 일찍 일어나는 일이 힘겨워졌다. 새벽기도를 억지로 때우는 식으로 다녀오고는 헐레벌떡 집으로 돌아와, 느지막하게, 때로는 해가 중천에 뜰 때까지 곯아떨어졌다. 이렇게 1년 넘게 생활했다. 그러는 사이에 어느 덧 아내는 물론이고 자녀들과 보내는 시간이 급격하게 줄어들었다. 아침에 늦게 눈을 뜨면 그 사이 아이들은 학교나 유치원에 갔고, 밤늦게 들어오면 아이들의 잠자는 얼굴만 볼 수 있을 뿐이었다.

가족들과 함께 할 시간이 부족한 것도 문제였지만, 나와 비슷한 생각을 가진 친구가 없다는 것은 내 마음을 한층 더 힘들게 했다. 정치에 대해, 교회 현상에 대한 비판적 시각을 견지하고 있던 나로서는 나와 비슷한 친구를 사귀는 일이 쉽지 않았다. 하루는 인근 작은 교회 목사들을 찾아갔다. 작은 교회들이 연합하면 어느 정도 지역에 도움이 될 법한 일들을 도모할 수 있을 것 같아서였고, 살아가는 규모와 입장이 비슷하니 서로의 고민을 털어놓을 수 있는 사이가 될 수 있을 거라 기대했기 때문이다. 하지만 그런 일은 애초부터 이루어지지 않았다.

그러다가 시작한 것이 독서 모임이었다. 나와 비슷한 또래의 사람들과 함께하기 어렵다면 아이들과라도 함께 책을 읽어야겠다는 생각 때문이었다. 그 때 가장 먼저 읽었던 책이 리처드 바크의 『갈매기의 꿈』이었다.

이곳에서 『갈매기의 꿈』이 어떤 내용의 책인지 자세히 언급할 수는 없다. 어쩌면 이미 당신은 이 책의 내용을 알고 있을 지도 모른다. 그래도 몇 구절 인용하려 하니, 이미 읽은 독자라도 처음 대하듯 읽어 주시길. 이 책에서 가장 좋아하는 문장을 꼽으라면 나는 주저함 없이 이것이라고 말하고 싶다.

"우리는 수천 년 동안 물고기 대가리나 찾아다녔습니다. 그러나 이제 우리는 삶의 이유를 갖게 되었습니다. 배우고, 발견하고, 자유로워지는 것!"

이 구절은 부족회의에서 연장자 갈매기의 말을 듣고 했던 조나단의 대답이었다.

독서 모임에 참석했던 어린 친구들에게 책을 통해 삶의 이유를 배우고, 발견하고, 자유로운 삶을 살아갈 것을 강조했다. 하지만 이 말은 나 자신을 향한 것이기도 했다. 이런 식으로 어린 친구들과 2년 정도 책 읽기를 했고, 수시로 같이 뛰어 놀았다. 때론 같이 등산도 하고, 여행도 갔다.

그러는 사이 독서모임이 소문이 나기 시작했고, 차츰 연령대도 높아졌다. 최근에는 SNS나 블로그를 통해 만나는 사람들도 늘어났다. 책이 좋아서, 비슷한 부류의 책을 읽는 사람들과 사귀고 싶고, 친구가 되고 싶어서 찾아오는 사람이 생겼고, 나 역시 그런 사람을 찾아가기 시작했다. 그리고 책을 통해 참 좋은 사람, 좋은 친구를 얻었다고 자부할 수 있게 되었다.

모임의 유익 - 이해의 폭 확장

혼자서 책을 읽을 때보다 독서 모임을 통해 책을 읽게 되면 이해의 폭이 몇 배 이상 확장된다. 독서 모임이 코앞에 닥쳐야 의무감으로 책을 읽기 시작하는 경우도 허다하다. 심지어는 독서 모임 시작 바로 직전까지 책을 못 읽어서 삐질삐질 땀을 흘려가면서 대충이라도 읽은 티를 내기 위해 이곳저곳에 밑줄을 쳐놓기도 했다. 책을 대충 읽거나 읽는 데만 치중하다보면 간혹 책의 중심주제가 무엇인지 간파를 못하는 경우도 있다. 그래도 나름 자존심이 있어서 몰라도 아는 척, 안 읽었어도 읽은 척 하면서 주저리주저리, 횡설수설 몇 단어, 몇 문장을 구슬 꿰기 하듯 늘어놓는다. 물론 책을 제대로 못 읽고, 제대로 파악하지 못한 경우에는 다른 사람들에게 먼저 말할 기회를 줘야 한다. 그들이 하는 말을 유심히 들으면서 책의 핵심을 머릿속으로 정리하고, 한 문장으로 어떻게 표현할지를 고민한다.

책을 제대로 읽었을 때는 하고 싶은 말을 책의 여백에 깨알 같이 적어둔다. 핵심 단어들에 빨간 펜으로 동그라미를 치기도 하고, 주요 문장은 형광펜으로 줄을 쳐준다. 그리고는 독서 모임 자리에서 자신 있게 장광설을 늘어놓는다. '이만큼 읽었어.'라는 사실을 남들이 알

아주기를 바라는 마음에서 그렇게 하는 것이다. 그런데 내 말이 끝나자마자 누군가가 자신의 소감이나 생각들을 밝힌다. 그냥 밝히면 상관이 없는데 때로는 "저는 그렇게 생각하지 않아요."라면서 내 생각을 무참히 짓밟아버리는 것 같은 표현으로 비수를 날린다. 이때부터 자존심에 스크래치가 나기 시작한다. 상대가 하는 말에 논리적 모순이 있는지, 책을 오해하는 부분은 없는지, 토씨 하나라도 잘못된 부분을 짚어내기 위해 예의주시한다. 그런 때는 정말이지 눈동자가 굴러가는 소리도 들릴 것 같아 최대한 감정을 드러내지 않기 위해 눈을 지그시 감는 척 한다.

책을 읽었어도 딱히 할 말이 떠오르지 않을 때도 있다. 그럴 때는 자신의 이해력을 탓하면서 보이지 않게 자책을 한다. 그래도 자존심은 있어서 아무 말 않고 모임을 마칠 수는 없으니 두서없이 몇 마디라도 하려고 한다. 그러다가 어떤 단어나 한 문장 정도를 말하면서 신기하게도 책 전체가 꿰어지는 경험을 할 때도 있다. 그 때부터는 흥분이 되어 줄,줄,줄, 하고픈 말들을 토해내기도 한다.

이런 경험은 오롯이 독서 모임을 통해서만 맛볼 수 있는 재미다. 절대 혼자서는 맛볼 수 없는 경험인 것이다. 이 외에도 독서 모임을 통해 다른 사람들이 추천하는 책을 읽기도 하고, 보이지 않는 경쟁심이 발동되어 독서를 이어간다.

　주변을 살펴보면 다양한 독서 모임, 독서 동호회 등을 어렵지 않게 찾을 수 있다. 만약 그런 모임을 찾기 어렵다면 페이스북에 '독서 모임합시다'라는 글을 올려보라. 몇 분 안 돼 여기저기 사람들이 댓글을 달 것이고, 전혀 기대하지도 않았던, 그 전까지는 한 번도 만나본 적도 없는, 숨은 진주와도 같은 친구들이 사귀자고 나타날 것이다.

　『갈매기의 꿈』의 해설 부분에서 류시화 작가는 이렇게 말하고 있다.
　"그의 메시지는 의존보다는 자유를, 기존 질서에의 순응보다는 진정한 삶을 향한 껍질 깨기를, 몇몇 선택된 자만이 위대한 인물이 아니라 인간 모두가 위대함의 가능성을 내면에 간직하고 있다는 깨달음의 소식을 담고 있다".

　모임을 한다는 것. 이것은 또 다른 껍질 깨기다. 모임을 통해 나만의 세계를 탈피해 친구의 세계와 나의 세계가 만나 확장되는 기회를 만들어 보자. 그 이전까지는 전혀 맛보지도, 상상도 못했던 새로운 인식의 세계로 접어들게 될 것이다.

삶을 더 풍료롭게 - 여유(Relaxed)

최인훈 작가와 노회찬 의원이 한 날에 세상을 떠났다. 진보정당을 떠받치고 있던 노의원의 부고 소식은 노무현 대통령 서거 소식 이후 가장 큰 충격을 내게 가져다주었다. 대전에 차려진 분향소에 두 번씩이나 조문을 다녀온 것을 보니 그만큼 그의 죽음을 안타깝게 생각했던 것 같다. 노회찬 의원의 부고 소식 때문에 크게 보도되지는 않았지만 그 날 또 하나의 별이 졌다. 바로 최인훈 작가의 타계 소식이었다.

최인훈 작가를 추모하는 마음으로 대학생 시절 읽었던 『회색인』을 다시 펼쳐들었다. 이 책은 1963년도에 〈세대〉에 1년 여 연재된 것으로, 소설의 시대적 배경은 1958년 가을부터 1959년 여름이다. 1960년도 4.19 혁명이 일어났고, 1960년에 5.16 쿠데타가 일어난 상황에서 최작가는 4.19 혁명의 실패에 대해, 또 다시 군사 정권으로의 회귀에 대한 성찰을 독고준의 독백을 통해 복기하고 있다.

월남한 독고준은 분단과 전쟁으로 고향에 갈 수 없는 실향민, 고향을 잃어버린 사람이다. 남한 땅에 아버지와 매형이 살고 있었지만, 매형은 북에 두고 온 누나가 아닌 남한의 다른 여자와 결혼하고, 아버지는 독고준이 대학생 시절에 세상을 떠났다. 그에게 아버지는 고향이었고, 권위의 원천이자, 신이었다. 그런데 아버지가 돌아가신 것이다. 아버지가 부재한 이 땅은 이제 고향이 아니었고, 그렇다고 원래의 고향으로도 돌아갈 수 없는 상황이었다. 그에게 세상은 낯선 곳으로 전락했다. 아버지의 부재는 곧 고향의 부재이자 권위의 상실이며, 신의 죽음과도 같은 것이었다.

해방 이후 남한은 겉으로는 민주주의를 표방했지만 껍데기만 민주주의일 뿐, 사람이 사람답게 살 준비가 갖춰지지 않았다. 현 체제에 불만을 품은 김학을 포함한 젊은이들은 모일 때마다 혁명을 논하지만 그저 공허한 구호에 지나지 않았다. 설령 혁명을 감행한다 하더라도 그 혁명은 이내 실패로 돌아갈 것을 작가는 알고 있었다. 무엇이 문제였을까?

새로운 세상, 새로운 정부가 수립되더라도 그 속에 신화가 살아 숨쉬지 않는다면 그것은 지속성이 불가능하다. 신화는 인간의 정신세계 기저에 놓여 있는 공통의 이야기로, 이 땅에서 살아가는 사람들의 정신세계를 형성하는 고향이자, 존재 기반이었다. 다시 말해 신화는 태곳적 신들의 이야기가 아니다. 지금 이 땅에서 살아가는 우리를 보듣어 주고, 언제 찾아가든 있는 모습 그대로 받아주는 곳, 그런 곳이 고향의 정서요 따뜻한 가정이다. 우리는 급속도로 이성을 위해 신화의 숲을 베어버렸고, 그 속에서 숨쉬고, 그 속에서 살았던 생명들을 제거했고, 결국 우리의 존재 기반인 고향을 상실하고 말았다. 그런 의미에서 우리는 모두 실향민이다.

그러다보니 현대인은 외로움을 망각하기 위해 정신없이 살아간다. 부지런함, 근면이란 명목으로 우리 스스로가 향수에 젖을 틈을 주지 않으려 했다. 그런데 아무리 바쁘게 살아도, 아무리 열심히 일해도 외롭다. 의지할 곳, 비빌 언덕조차 없기 때문이다. 마음 붙일 곳 없이, 부초처럼 이 사회에서 표류한 채 살아가는 것은, 고향도 없고 믿지도 못하게 어긋나버린 한갓 짐승으로 살아가는 것과 다르지 않다.

독고준은 김순임이 믿는 신앙을 받아들일 수 없었다. 이질감, 낯섦이 그로 하여금 거부감을 갖게 만들었다. 신화는 이 세상에 뿌리를 내리고 있어야 하는데, 김순임은 저 세상, 피안의 세상만을 의지하고 있었다. 독고준에게는 새로운 신화, 새로운 신앙이 필요했다. 그것은 나름 이닌 따뜻함, 언제든 받아줄 수 있는 고향 같은 곳이었고, 추위와 배고픔을 투정하는 아들의 말을 묵묵히 들어주는 아버지였나.

현실의 부조리를 혁명을 통해 타파하고 새로운 시대를 열자고 주장하는 김학, 월남 후 자신의 노동당원 전력을 감춘 채 철저히 남한

체제에 충성하는 현호성, 현실로부터 도피하고 피안의 세계를 소망하며 살아가는 김순임, 불교가 이 시대의 대안 정신이 되어야 한다고 주장하는 황노인 사이에서 독고준은 어디에도 정착하지 못한다. 그러던 중 미술가 이유정을 통해 문학의 한계를 예술에서 찾을 수 있다는 희망을 품고 그의 방으로 들어간다.

나는 한가하다.

최인훈은 이 시대의 구원을 정치체제나 종교가 아니라 예술에서 찾은 것으로 보인다. 이성적 사고, 정치나 이데올로기, 종교는 물론이고 언어에 기반을 둔 문학은 이 세상을 구원하는데 한계를 지니고 있으며, 따라서 예술만이 이러한 것들이 지닌 한계를 극복할 수 있다고 말하는 것이다.

예전 예술을 하는 사람은 '딴따라'나 '베짱이' 등으로 비하하여 불렀다. 예술인은 일하지 않고 놀기만 하는 게으름뱅이요 건달이라고 비난하던 시절이 있었다. 여기에서 '건달'이란 표현을 살펴보면 '하는 일 없이 빈둥빈둥 놀거나 게으름을 부리는 짓 또는 그런 사람'이라고 국어사전에 정의한다. 그러나 '건달'은 불교에서 음악을 관장하는 신 '간다르바'의 한자음인 '건달바'(乾闥婆)에서 유래한 말이라고 한다. 우리가 몸담고 살아가는 공동체를 풍요롭게 만드는 자들은 '건달'과 같은 사람이다. 이성이나 논리, 정치나 이데올로기, 심지어 종교가 갖는 한계를 예술이 극복할 수 있는 길을 열어준다. 사실 이성이나 이데올로기, 종교 등은 이분법적 구조를 형성한다. 여당과 야당, 남한과 북한, 피안과 차안, 몸과 영혼 등은 한마디로 네 편 내 편을 가르는 편 가르기를 벗어나지 못한다. 하지만 예술은 그 모든 것을 통합하고, 새로운 세상을 열 수 있는 힘을 제공한다. 예술가들이 있어야 생각이 유연해지고, 이 사회가 획일성에 빠지지 않을 수 있다. 다양성을 인정하는 더불어 사는 공동체를 이룰 수 있다.

라디오에서 일개미를 관찰한 내용을 들은 적이 있다. 일개미는 한 마리도 빠짐없이 부지런히 일을 할 것 같지만, 그 중에서도 30%(정확한 수치는 아니다.)는 다른 개미들에 비해 딴 짓을 하면서 농땡이를 친단다. 그래서 농땡이 치는 개미들을 솎아 내고 부지런한 개미들만 남겨 두었더니, 그 중에서 30% 정도가 슬슬 농땡이를 치더란다. 즉 어느 공동체든 100% 충성하는 것은 아니란 결론.

재일(在日) 작가 강상중은 공동체의 여유는 진정한 의미에서의 건달이 있을 때 가능하다고 말한 바 있다. 삶의 여유는 모든 것이 수치로 표현 가능한 디지털의 공간이 아니라, 감성적 직관이 작용하는 아날로그적 공간에서 누릴 수 있는 것이다. 허공을 떠돌면서 향을 마시고 음악을 즐기는 건달바처럼, 행복은 바쁜 일상에 함몰되지 않고 시간을 잇고, 일상을 탈피하는 사람만이 누릴 수 있는 특권이 아닐까! 일본어로 '바쁘다'는 말은 '마음이 멸망하다'라는 뜻이란다. 『마음의 힘』에서 나온 구절이다.

이솝우화의 『개미와 베짱이』 이야기를 귀에 못이 박히도록 들었다. 겨울을 대비해 부지런히 일을 한 개미들과 일하지 않고 노래나 부르던 베짱이를 비교하면서, 결국 베짱이는 추운겨울에 굶어 죽고 만다는 내용이었다. 베짱이처럼 비참한 인생이 되지 않으려면 젊었을 때 부지런히 공부하고 일해야 한다고 배웠다.

아빠가 되어서야 『프레드릭』(레오 리오니)을 읽게 되었다. 들쥐들이 겨울을 나기 위해 부지런히 일을 하는 동안 프레드릭은 눈을 감고 사색에 잠겨 있다. 다른 들쥐들이 왜 일을 하지 않느냐고 물으니 "나는 지금 햇살을 모으는 중이야", "색깔을 모으고 있어", "이야기를 모으고 있어"라고 알 수 없는 말을 늘어놓는다. 들쥐들은 겨울이 되자 땅속으로 들어가 그 동안 모아 두었던 양식을 먹으며 지낸다. 그러다가 양식이 다 떨어져 갔고, 동시에 들쥐들도 말을 잃어갔다. 삶의 의욕을 상실한 프레드릭이 드디어 입을 연다. 다른 들쥐들에게 눈을 감게 한 후 따뜻한 햇살, 아름다운 색깔, 행복한 이야기 세상 속으로 그들을 안내한다. 그 순간 들쥐들의 집, 양식이 떨어지고, 칙칙한 분위기가 화사한 희망의 색채로 충만해진다. 생기를 되찾은 들쥐들은 "프레드릭, 넌 시인이야"라며 박수를 보낸다.

프레드릭은 시인이었고, 새로운 세상을 꿈꾸는 예술가였다. 『개미와 베짱이』에서 베짱이다. 그들이 우리와 함께 있기 때문에 이곳은 따뜻해지고 풍요로워진다. 새로운 세상을 꿈꾸는 그들이 있기 때문

에 우리는 마음 붙일 곳, 외롭고 힘들 때 찾아갈 고향을 간직한 채 살
아갈 수 있다.

그런 의미에서 우리는 한가해야 한다. 우리의 삶을 풍요롭게 하는
예술은 한가할 때만이 향유할 수 있는 것이다. 한가한 사람, 건달바
들, 예술가들이 추운 겨울을 따뜻하게 날 수 있는 상상력을 제공할
것이며, 나와 너를 편 가르기 하는 이 시대를 통합하고 화해하게 하
는 힘을 제공할 수 있다. 지난 4.27 남북정상회담의 판문점 "평화의
집"에서 펼쳐진 만찬 공연을 바라보면서, "우리는 하나다"라는 한반
도기 위에 새겨진 문구를 수없이 되내이면서 우리의 가슴이 얼마나
뜨거워졌던가!

그동안 우리는 참 바쁘게 살아왔다. 하지만 이제 바쁜 것이 미덕인
시대는 저물어 가고 있다. 일상을 즐기고 주변을 돌아보며, 새로운
미래를 꿈꾸는 삶은 한가한 삶에서 가능한 일이다. 따라서 이렇게 말
할 수 있다. "나는 한가하다. 그러므로 나는 존재한다."라고!

삶은 냉정과 열정 그 사이

사랑은 상처를 허락하는것이다.

가을이 왔다.

가을바람이 불기 시작하면 마음을 가눌 길이 없어진다. 가을이 오면 심장이 불규칙하게 뛰기 시작한다. 유난히도 무덥고 뜨거웠던 여름이었다. 10월까지도 더울 것이라고들 말했다. 결혼 후 십수 년 혹은 삼십 여 년을 에어컨 없이 지냈다는 사람도 이번 여름의 더위에 놀라 결국 에어컨을 장만했다는 이야기를 들었을 정도로 견디기 힘든 여름이었다. 비도 참 적게 왔다. 장마철에도 비가 거의 내리지 않아 농사를 망쳤다는 하소연이 들려왔다. 몇 년 전 나니던 법대를 포기하고 홍성 풀무학교 전공부에 입학하고 졸업한 S가 지난 해 처음 자기 농사를 지었는데, 올해는 날씨 때문에 농사가 너무 힘들었다고 투덜거렸다. 설상가상 몇 년 동안 사귀었던 여친과도 헤어졌단다. 말은 홀가분하다고, 농촌에서 고생시킬 것 같아 늘 부담이 됐는데 헤어

지고 나니 오히려 잘 된 것 같다고 말하는 S의 말에는 냉정함도, 열정도 아닌 그 무언가가 남아 있었다. 가뭄에 폭염에 농사를 망친 농사꾼 초년생이, 가장 힘들었을 시기에 곁에서 버팀목이 되어 주던 여친과 헤어졌다니... '허허' 웃고 있는 그의 순진한 얼굴엔 쓸쓸한 가을 바람이 옷깃 사이를 파고들었다.

추석 연휴를 보내고 있는 중, S의 여친으로부터 카톡이 왔다. "목사님 잘 지내시죠? 안부 인사드리고 싶어서 연락 드렸어요. 항상 건강하시고 즐거운 추석 되세요." S와 헤어진 이후 냉정함을 찾으려고 노력했지만 그렇지 않다는 것을 직감할 수 있었다. 그 둘은 초등학교 동창이었다. 어느 정도 친하게 지냈는지는 알 수 없다. 하지만 S가 군에 입대한 후 GOP(일반전초. 남방한계선 철책선에서 24시간 경계근무를 하며 적의 기습에 대비하는 소대단위 초소)에서 근무를 하던 중 자살충동을 느껴 결국 공익요원으로 전환해 군복무를 마쳤다. 군복무를 마친 후에도 그는 한동안 우울증으로 고생했다. 법대로 복학했지만 도무지 학업을 이어나갈 수 없는 상황이었다. 그런 와중에 우연히 초등학교 동창과 만나게 되었고, 하늘이 맺어준 인연이라고 믿었다.

연애를 시작하면서 안정을 찾아가기 시작했던 그였지만 법학 과정은 도무지 적성에 맞지 않았다. 그를 아끼는 교회 집사님과 논의한 끝에 풀무학교 전공부를 추천했고, 그는 부모님의 만류에도 불구하고 자퇴서를 제출하고는 뒤도 돌아보지 않고 홍성으로 향했다. 그의 홍성행은 부모님만 반대하신 것이 아니었다. 여친도 반대했던 것이다. 이제 20대 중반에 접어든, 농사짓는 일에 대해 전혀 생각지도 않았던 그에게 S의 결정은 받아들이기 어려운 일이었다. 그래도 나름 남친을 이해하려고 노력했다. S도 최대한 여친을 배려하면서 그를 설득해 나갔다. 그렇게 몇 년을 대전과 홍성을 오가면서 둘은 연애를 했다. 그리고 S는 예전처럼 해맑은 모습을 되찾아 갔다.

그런데 그 두 사람이 헤어졌다. S는 올 여름의 폭염과 가뭄 때문에 눈코 뜰 새 없이 바빴고, 자칫 올 한해 농사를 망칠까 두려워 정신없이 농사일을 하다 보니 상대적으로 여친과 함께 하는 시간이 줄어들었다. 그리고 여친은 농사짓는 남친에 대해 최대한 이해하려고 했지만, 그럴수록 섭섭함이 커졌으리라. 여친은 자신에게 무관심한 채 농사일에만 몰두하는 남친에게 냉정하게 대하기 시작했고, S는 여친에게 많은 관심을 기울이지 못하는 것 때문에 늘 미안해했다. 냉정함과 미안함 사이에서 두 사람은 그렇게 헤어졌다.

냉정과 열정사이

"피렌체의 두오모 성당은 연인들의 성지래. 영원한 사랑을 맹세하는 곳. 나와 함께 가줄거지?"

"언제?" "글쎄… 10년 뒤쯤?"

영화 〈냉정과 열정 사이〉는 준세이와 아이오의 대화로 시작된다.

이 영화는 피렌체를 사랑하게 만들었고, 피렌체를 슬프도록 아름다운 사랑의 도시임을 재확인해 주었다. 준세이와 아이오 사이의 오해는 급기야 두 사람을 10년 간 헤어지게 만들었지만 나중에 그 오해가 풀리면서 해피엔딩으로 영화는 막을 내리는 영화다.

이 영화의 원작은 두 사람이 쓴 소설이다. 츠지 히토나리는 준세이 이야기를, 에쿠니 가오리는 아오이 이야기를 썼다고 한다. 이 소설은 월간지에 2년 간 연재되었는데 이후 남자 이야기는 Blu, 여자 이야기는 Rosso로 출간되어 수많은 독자들에게 사랑을 받았다.

피렌체는 단테의 고향으로 이미 잘 알려진 도시다. 단테와 베아트리체의 이루어질 수 없는 사랑 이야기가 『신곡』을 통해 꽃피었다. 단테는 누구보다 피렌체를 사랑했다. 그리고 그곳에서 그는 베아트리체를 만나 첫눈에 사랑에 빠졌다. 하지만 그를 단 두 번 만난 것이 전부였다. 단테는 몰락한 귀족 출신이고, 반면 베아트리체는 피렌체의 명망 있는 귀족 출신이었기에 두 사람의 사랑은 처음부터 이루어질 수 없었다. 결국 두 사람은 각기 다른 사람과 결혼한다. 하지만 베아트리체는 24살의 젊은 나이에 세상을 떠났다. 단테는 서른의 나이에 정치가로 명성을 날리지만 정치적 당파 싸움에 휘말려 피렌제를 떠나 망명생활을 시작한다.

"우리 인생길의 한중간에서 나는 올바른 길을 잃어버렸기에 어두운 숲 속에서 헤매고 있었다."(『지옥』 제1곡).

생의 절정기에 단테는 모든 희망을 잃어버린 채 지옥 같은 삶으로 추락했다. 하지만 그는 지옥 같은 삶 속에서도 절망하지 않고 지옥에서 연옥으로, 연옥에서 천국으로 이어지는 삼부작 『신곡』을 완성해냈다. 단테의 마음속에 베아트리체는 영원히 살아있는 연인이었고, 지옥 같은 삶의 한복판으로 빠져들면서도 그의 영적인 스승 베르길리우스의 인도 하에 지옥을 넘어 연옥으로 향했고, 연옥의 끝자락에서 베아트리체의 인도로 천국으로 향하게 된다.

지옥의 입구에는 그 유명한 구절이 쓰여 있다.

"여기 들어오는 너희들은 모든 희망을 버릴지어다."(제3곡).

지옥은 희망을 가질 수 없는 절망의 수렁이다. 인생의 황금기에 모든 것을 잃은 단테가 『지옥』편을 쓰기 시작한 이유다. 지옥 입구에 들어서자 선이나 악에 무관심한 채 오직 자신만을 위해 살았던 나태한 자들이 왕벌과 파리, 벌레들에게 고통을 당하고 있었다. 단테는 냉정도 열정도 없는 나태한 사람들, 미적지근한 사람들을 경멸했다. "치욕도 없이 명예도 없이 살아온 사람들의 사악한 영혼들이 저렇게 처참한 상태에 있노라." 단테에게 그런 자들은 "제대로 살아본 적이 없는 비열한 자들"에 지나지 않았다. 인간의 궁극적인 힘을 사용하지도 않고, 이성과 의지의 결정에 따라 행동하지도 않은 채 살아가는 사람들은 죽음의 희망도 존재할 수 없으며, 자비와 정의도 그들을 경멸할 뿐이다. 실제로 단테는 열정적인 삶을 살았던 인물이다. 삶의 기반을 송두리째 빼앗겨 버린 상태에서 불후의 명작 『신곡』을 꽃피워낸 것이다.

나태함, 미적지근함에 대해 성경에서도 다음과 같이 경멸조로 표현하고 있다. "너는 차지도 않고, 뜨겁지도 않다. 네가 차든지 뜨겁든지 하면 좋겠다. 네가 이렇게 미지근하여 뜨겁지도 않고 차지도 않으니, 나는 너를 내 입에서 뱉어 버리겠다."(요한계시록 3:15,16절). 단테나 성경은 나태함을 왜 그토록 경멸했을까? 나태는 사랑의 의지를 발동하지 않는 것이며 따라서 죄이기 때문이다.

나태함은 냉정과 열정 사이에 존재하지 않는다. 우리는 끊임없이 냉정과 열정 사이를 오간다. 냉정도 열정도 사랑하기 때문에 발동하고 나타나는 반응이다. 하지만 나태함은 사랑의 의지를 발동하지 않으려는 행위에 지나지 않는다. 나태하지는 말자. 사랑은 냉정과 열정 사이를 변증법적으로 오가지만, 나태함은 그러한 궤도를 일탈하는 것이자 동시에 무심한 것이다. 사랑의 반대말은 미움이 아니라 무관심이라고 하지 않더가.

"사랑은 상처를 허락하는 것이다." 공지영의 앤솔로지(선집)의 책 제목이기도 하다. 공지영은 그동안 쓴 작품들과 여러 매체에 올린 글들 중에서 치유와 위무의 언어들을 선별해 이 책을 출간했다. S는 사랑하던 여친과 헤어진 후 오히려 마음이 홀가분하다고 했다. "사랑한다고 모든 것을 다 이길 수는 없겠지. 대신 자유를 얻었다. 진정한 자유…" 공지영의 책에서는 사랑 때문에 우는 남자를 처음 보았다고 나오지만, S는 우는 대신 허탈한 웃음을 지어보였다. 내 앞에서는 웃음을 띠었지만, 아마 몇 날 며칠 그는 막걸리를 들이키면서 펑펑 울었을 것이다. 눈이 퉁퉁 부을 정도로.

사랑은 상처를 허락하는 것이다. 누구든 이별을 겪으면 그 마음에 생채기가 난다. 그리고 사랑했기에 온 몸으로 고스란히 그 상처를 받아들이며, 냉정하려고 애쓰지만 결코 냉정할 수 없다. 냉정과 미안함 사이에서, 냉정과 열정 사이에서 그는 무엇으로도 허탈한 마음을 메울 길 없고, 느닷없이 찾아온 가을바람에 마음 가눌 길 없어, 그저 허탈한 웃음으로 헛헛한 마음을 채울 수밖에 없지 않을까. 그 허탈한 웃음이 기나긴 그 시간 헛헛한 마음을 메우는 보약이 아닐까!

사랑 - 사람을 견디게 하는 힘

겨울이 다가왔다. 올 여름이 너무 더워서였는지, 여느 때보다 이번 겨울은 혹한이 닥칠 것이라고 걱정하는 소리가 많은 사람들의 입에서 들려온다. 겨울이 되면 한 해를 돌아보게 된다. 올해 거둔 수확은 얼마나 되는지를 살피고, "다 못찬 굴 바구니" 때문에 아쉬워하기도 한다. 그래도 대부분은 겨울이 지나면 봄이 찾아 올 것을 알고 있기 때문인지, 아쉬움을 뒤로하고 겨울을 받아들인다. 때로는 무덤덤하게, 때로는 '원래 겨울은 그런 거야'라는 마음으로 별 생각이나 고민 없이 말이다.

그러나 어떤 이들에게 겨울은 어느 계절보다 더 힘겹다. 쪽방 촌에서 살아가다 세상을 뜨는 무연고자들을 위한 추모제가 연말이 되면 열린다. 그곳에 참석한 적이 있었다. 한 해 동안 세상을 떠난 그들의 죽음을 추모하는 일종의 합동 추모제라 할 수 있겠다. 세상이 알아주지 않는 그들의 죽음을 기억하려는 소수의 사람들이 있어서 그래도 살만한 세상이라고 생각이 들기도 했다. 그러나 또 다른 한편으로는, 이렇게 세상을 뜨는 그들을 향해 '고통스럽게 추운 겨울을 나느니 겨울 전에 세상을 뜬 게 차라리 잘 됐어'라고 혼자 되뇌기도 했다. 하지만 이것은 순전히 내 주관적인, 그것도 그 자리에서 불현듯 떠오른 생각일 뿐이다. 세상에 죽음을 당당히 맞이하는 사람이 몇이나 되겠는가. 세상의 3대 거짓말 중 하나가 늙은이가 '어서 죽어야지'라고 하지 않던가.

겨울이 갖는 이미지는 '희망'보다는 '절망'인 것은, 겨울이 가난한 사람, 아픈 사람들이 살아가기에는 여느 계절보다 더 힘겹기 때문일 것이다. 내가 인도하는 독서모임에 참석하는 사람 중 심장질환으로 고생하는 분이 얼마 전 단톡방에 이런 글을 남긴 적이 있다. "아~~ 이젠 천국만 남은 건가?"

그 말에 화들짝 놀라 전화를 걸었다. 요 며칠 설사로 너무 고생해서 병원 다녀왔었다고 했다. 날씨가 추워지면 겨울에는 거의 혼자 집에 있어야 한다. 마치 겨울잠을 자듯 해야 한다고. 겨울이 길고 추우면 힘들다고. 그 말에 복잡 미묘한 감정이 꿈틀거렸다.

_____ 아무 일도 지켜지지 않은 약속의 땅에서 사는 사람들

이성복 시인의 『남해 금산』 시집에 '약속의 땅'이라는 시를 읽었다.

약속의 땅에서 삼 년을 머물다가
이곳에 집을 버린 새들을 따라 멀리 갈 것인가
아무 일도 지켜지지 않은 약속의 땅에서
녹슨 풍경 소리 들린다

'약속의 땅'은 바로 앞의 '치욕의 끝'과 함께 읽을 때 더 그 뜻이 명확해진다.

치욕이여,
모락모락 김나는
한 그릇 쌀밥이여,
꿈꾸는 일이 목 조르는 일 같아
우리 떠난 후에 더욱 빛날 철길이여!

쌀밥 한 그릇 때문에 치욕스런 삶을 살아가야 하는 가난한 사람들의 심정이 드러나 있다. 가난한 사람, 아픈 사람, 사랑하는 사람을 먼저 떠나보낸 사람들에게 겨울은 참으로 버겁고, 홀로 살아남았다는 자책감이 마음을 짓누른다. "꿈꾸는 일이 목 조르는 일" 같고, "아무 일도 지켜지지 않은 약속의 땅에서" 매서운 바람만 불어올 뿐이다.

겨울이 그렇다는 것이다. 겨울을 그렇게 느끼는 사람들이 있다는 말을 하고 싶은 게다. 그럼에도 우리네 대다수는 겨울을 맞이하고 있

고, 겨울을 버티어 낸다. 톨스토이의 단편 소설 중 『사람은 무엇으로
사는가』에는 세 가지 질문을 던지고 있다.

　'사람의 마음속에는 무엇이 있는가?'
　'사람에게 주어지지 않은 것은 무엇인가?'
　'사람은 무엇으로 사는가?'

　신을 거역해 천상에서 쫓겨난 미하엘이 추운 겨울철 벌거벗은 채
교회당 문 앞에 쪼그리고 앉아 있었다. 마침 가난한 구두장이 시몬이
그 앞을 지나갔다. 시몬은 외투를 만들 양가죽을 사기 위해 외상값을
받으러 갔다 실패하고 홧김에 술을 마시고 집으로 돌아오던 길이었
다. 시몬은 미하엘을 그냥 지나칠 수 없어 자신이 입고 있던 허름한
외투를 벗어 그에게 입혀주고는 집으로 데리고 갔다. 시몬의 아내 마
트로나는 양가죽은 고사하고 술에 취한 채, 비렁뱅이까지 데리고 집
으로 돌아온 남편을 보자 화를 버럭 냈다. 하지만 이내 화가 가라앉
았다. 그리고는 두 사내에게 먹을 것을 대접했고, 허겁지겁 음식을
먹는 미하엘을 보고 안쓰러운 마음을 느꼈다. 이 과정에서 미하엘은
첫 번째 질문에 대한 답을 찾았다. 사람의 마음속에는 사랑이 있음을
발견한 것이다.

　한 귀족이 일 년 동안 신어도 해지지 않는 튼튼한 구두를 만들어 달
라고 으름장을 놓고 떠났다. 집으로 가던 중 그는 마차에 치여 죽게

된다. 미하엘은 '사람에게 주어지지 않은 것'은 다름 아닌 자신의 운명임을 알게 된다. 가게를 벗어나 곧 죽을 운명이었음에도 부자는 일년 동안 신을 수 있는 구두를 주문한 것이다. 물론 자신의 운명을 알수 없다는 사실이 오히려 우리를 살게 하는 것이기도 하지만.

한 여인이 두 아이를 데리고 시몬의 가게로 찾아왔다. 두 아이 중한 소녀는 한쪽 다리에 장애를 갖고 있었다. 두 아이는 이 여인의 이웃집 아이들이었는데, 그 집 엄마가 일찍 세상을 떠나자 불쌍한 마음에 그들을 집으로 데리고 왔다. 이 여인에게 친 아들이 있었으나일찍 죽게 되었고, 여인은 두 아이들을 친 자식처럼 키우고 있었던것이다. 이 때 마트료나가 말한다. "부모 없이는 살아도 하느님 없이는 살 수 없다더니 과연 맞는 말이었어요." 미하엘은 이 장면에서 세번째 질문, '사람은 무엇으로 사는가?'에 대한 답을 얻는다. 그 답은바로 '사랑'이었다. 마트료나의 대답도 같은 맥락으로 해석할 수 있다. 마트료나에게 두 아이를 살린 것은 바로 그 여인의 사랑, 자비심때문이었고, 그 자비심을 신과 동일시하고 있는 것이다.

무엇이 세상을 구원하는가?

겨울은 수확을 끝낸 텅 빈 들판을 연상케 한다. 가을의 수확량이 적으면 기나긴 겨울을 버티기가 쉽지 않다. 그래서 가난한 사람이 겨울을 싫어하는 것이다. 아픈 이들도 마찬가지다. 그렇다고 겨울을 피할수는 없다. 어떻게 이 혹독한 추위 속에서 살아남을 수 있을까?

기독교 성경에는 룻이라는 여인이 등장한다. 그는 이스라엘 이웃 나라인 모압 출신이다. 그런데 이스라엘 땅에 기근이 들자 나오미 가족이 기근을 피해 모압으로 이주했고, 나오미의 아들과 결혼을 했다. 하지만 그의 결혼생활은 일찍 끝이 났다. 남편이 세상을 떠난 것이다. 그것도 자녀도 낳지 못한 가운데. 남편뿐이 아니었다. 그의 시아버지도 이미 세상을 떠난 상황이었다. 홀로 남겨진 시어머니 나오미는 이제 고향 땅으로 돌아가기로 결정했다. 다행히 고향 땅에 기근이 끝나고 풍년이 들었다는 소식이 전해졌기 때문이다. 룻은 그런 상황에서 시어머니 나오미를 따라 이스라엘로 이주했다. 그리고는 보아스라는 남자와 결혼해 아들을 낳았는데, 이는 이스라엘의 최고의 왕이라고 추앙받는 다윗의 계보로 연결된다.

이 책이 말하려는 내용은 기독교의 신앙의 대상인 야훼를 섬기는 백성이 모압 여인 룻을 통해 구원을 받게 된다는 것이 핵심이다. 룻이 자신의 민족과 신앙을 포기하고 나오미를 따른 궁극적인 이유는 효심이 아닌 자비심, 혹은 긍휼히 여기는 마음 때문이었다. 효심은 도덕적, 의무론적 차원에서 발동하는 것인 반면, 자비심은 사회적 약자를 향한 자발적으로 갖는 동정심에서 작동하는 것이다. 룻은 신의 명령을 듣고 순종한 것이 아니었다. 신의 명령에 순종하면 복을 받을 것이라는 희망 때문도 아니었다. 그서 홀로 살아가야 할 불쌍한 시어머니를 향한 마음이 결정의 원인이었다. 당시에 이스라엘엔 왕이 없던 시대였다. 왕이 없으니 사람들이 제각기 자기 생각에 따라, 원하는 방식대로 살았다. 야훼가 그들을 먹이고, 돌보고, 구원한다고 믿었지만 때로 삶은 그런 믿음을 이탈한다. 기근이 찾아오면 백성들은 고통 속에서 신음해야 한다. 그런 상황에서 그들을 향해 구원의 손길을 내민 자는 다름 아닌, 그들이 그토록 무시하고 차별하던 이방 여인이었다는 사실을 강조하고 있는 것이다.

룻이 나오미를 향한 마음을 '헤세드'라고 한다. 이 단어는 자비심, 긍휼히 여기는 마음, 인애 등으로 번역할 수 있다. 룻의 헤세드가 나오미를 비롯해 왕이 없는 이스라엘에 다윗 왕을 태어나게 함으로 그들을 구원하는 결정적 계기가 되었다는 사실을 말하고 있는 것이다.

룻이든, 혹은 '시몬'이나 '마트료나' 혹은 두 아이를 입양해 키운 그 여인이든, 결국 이 추운 겨울을 견디게 하는 핵심은 바로 사랑인 것이다. "꿈꾸는 일이 목 조르는 일"처럼 느껴지는 사람이 있다. 꿈꾸는 일이 사치를 넘어서 오히려 생의 짐으로 다가오는 현실에서, "아무 일도 지켜지지 않은 약속의 땅"을 살아가는 이웃이 있다. 그럼에도 이 겨울을 견디게 하고, 우리 사회를 구원할 수 있는 유일하고도 가장 확실한 일은 바로 사랑인 것이다. 인생의 혹독한 순간은 예고 없이, 때론 아주 절묘한 타이밍에 찾아온다. 그 때 우리 삶을 잠식당하지 않으려면 나를 사랑하고, 내가 사랑하는 그 모든 것에 대한 사랑을 잃지 마라.

지금의 나를 인정하라

중고등학생 시절 나는 나름 우등생이었다. 집안 살림이 어려워 실업계 고등학교로 진학하기로 결정했고, 고등학교 진학을 위한 연합고사 성적도 잘 나와 수석으로 입학, 3년 간 장학금을 받고 학교에다닐 수 있었다. 하지만 실업계 과목은 내게는 전혀 매력적이지 않았다. 시험이 다가오면 억지로 공부하고 시험을 치렀을 뿐, 어느 과목도 내게는 지루하기 짝이 없었다. 그리고 급기야 중학교 때부터 꿈으로 간직하고 있었던 목사의 길을 걷기로 최종적으로 결정했다.

수업 시간이 되면 혼자 대학진학을 위한 공부를 시삭했고, 밤 10시까지 동아리방에서 외로운 공부를 해야만 했다. 동아리방에서 혼자남아 공부했다는 말이 아니라 다른 친구들은 모두 취업을 위한 공부를 한 반면 나만 홀로 동그마니 앉아 학력고사를 준비했기 때문이다. 물론 그 과정은 쉽지 않았다. 도무지 혼자의 힘으로는 이해할 수 없는 내용들이 대부분이었다. 물어볼 사람도 많지 않았다. 가끔 인문계 다니는 교회 친구에게 물어볼 수 있는 것이 전부였다. 그래도 고등학교 친구들은 다들 내가 졸업하고 좋은 대학에 진학하고, 안정된 직장에 들어가리라 생각했다. 신학교 진학을 위해, 훗날 목사가 되기 위해 공부하는 것을 알고 있던 친구들은 대형교회 담임목사가 될 것이라고 믿어 의심치 않는 눈치였다.

학력고사를 치르고 신학대학교에 입학했다. 신학교 시절에 좋은 선배와 친구들을 만나 책을 읽고, 토론하면서 신학을 공부했고, 그 경험을 통해 내 생각의 껍질을 깨고 새로운 세상을 꿈꾸는 결정적인 계기가 되었다. 대학원을 졸업할 때까지 등록금을 지원해주는 독지가를 만난 것도 엄청난 행운이었다. 신학대학 4년, 신학대학원 3년, 그리고 신학전문대학원을 다니다가 영국 유학을 선택했다. 비자문제로 석사에서 박사과정 진학이 좌절되었지만 나름 내 환경에서 최선의 노력을 다했다고 생각했다. 그리고 교회를 개척했다.

개척교회를 하면서 나름의 꿈이 있었다. 괜찮은 교회를 세워 지역사회를 위해 봉사하고, 어려운 사람들이 기죽지 않고, 오히려 삶의 희망을 찾고 용기를 얻을 수 있는 교회를 세워보자는 꿈이었다. 대형교회가 아니라 그리스도의 사랑을 실천하다 "퍼주다 망한 교회"가 되자는 신조로 설교했다. 돈 한 푼 없이, 아는 사람도 거의 없이, 중고등학교 시절까지 지냈던 동네에서 목회를 시작했다. 작은 동네, 가난한 동네였지만 그래도 이곳에서 어려운 친구들을 위한 공부방을 개설하고, 영어와 수학, 독서를 지도했다. 행복한 시간이었다. 기업의 연구소 신우회를 인도하면서 연결된 독지가를 통해 아이들 학원비를 지원해 주기도 하고, 교회재정 중에 '상당액'을 청소년들을 위해 사용했다. 물론 우리 수준에서 '상당액' 일 뿐이다. 그래도 자부심이 있었다. 중학생이 되어도 영어 한 단어 읽지 못했던 친구들이 영어를 읽기 시작하고 학교시험에서 자신감을 얻기도 했고, 독서를 통해 또 다른 세상을 꿈꾸는 친구도 생겨났기 때문이다.

　가난했지만 의미 있는 일을 하고 있다는 생각에 주눅 들지 않고 열심히 살았다. 아이들이 늘어나자 지인들과 몇 안 되는 교인들의 도움으로 중고 승합차를 한 대 구입했다. 그때는 대형교회 목사뿐 만 아니라 어지간한 사람도 부럽지 않았다. 아이들을 그득 태우고 이 곳 저 곳 좋다는 곳은 누비고 다닐 수 있었기 때문이다. 어느 날 동네 주유소에 들러 주유를 하고는 결제를 위해 직원에게 카드를 내밀었다. 그때는 셀프 주유소가 아니라 직원들이 주유해 주었던 시절이다. 카드를 건네받은 직원이 결제를 한 후에 운전석에 앉아 있는 내게 다가왔다. 그러면서 조심스럽게 말을 건네는 것이었다.

　"저 혹시 ○○고등학교 출신 아닌가요?"
　"맞습니다만…"
　"3학년 14반? 맞구나?"

갑자기 반말로 바뀌었다. 순간 직감적으로 고등학교 동창임을 깨달았다.

"야, 나야 나. 3학년 때 같은 반이었잖아."

얼굴만 봐선 누군지 기억이 나지 않았다. 그래도 생각이 안 난다고 할 수는 없어서 나도 반갑게 씩 웃으며 "야 친구, 반갑다. 그런데 네 이름이 뭐였지?"

"○○이다. 이○○"

이름을 들으니 기억이 났다. 얼굴을 볼 때 기억이 나지 않은 이유는 반에서 그리 두각을 드러내지 않은 녀석이라 그렇겠지. 반면 나는 수석 입학한 나름 유명한 모범생이었으니 이 친구가 나를 알아보는 것은 당연한 일이지...라고 생각하니 괜스레 어깨에 힘이 들어갔다. 어깨에 힘이 들어간 또 다른 이유는 그 친구가 주유소 직원이란 생각 때문이었을 거다. 아니, 그러길 바랐다. 하지만 내 예상, 소망은 영락없이 비껴갔다.

"나 주유소 사장이야. (헉!) 너 목사란 얘기 들었는데... 교회 크게 하지? 얼마나 모이냐?(헉)"

그 질문에 순간 나는 버벅거렸다. 작은 교회 목사라서 버벅대기보다 그리 두각을 나타내지 않았던, 별다른 존재감이 없었던 그 친구(나는 지금 그에 대한 호칭을 녀석에서 친구로 변경하고 있다.)가 주유소 사장이 되었다는 데서 느끼는 충격 때문이었다. 급하게 차에서 내려 커피 한 잔 얻어 마시면서 그 친구가 여기까지 오게 된 그의 히스토리를 들으며 과장된 리액션을 보여주었다. 속으론 '아 나는 그동안 뭐하고 있었지.'라며 열나게 자책하면서 말이다. 꽁꽁 숨겨두었던 열등감이 스멀스멀 삐져나오고 있었다. 그리고 집에 가서 아내에게 이 얘기를 해줬더니 배꼽을 잡고 웃었다.

이성복 시인의 『달의 이마에는 물결무늬 자국』을 읽던 중 아래 제목의 글이 있었다.

"왠지 좀 부끄러울 뿐"

물위에 낮게 나는 잠자리를 개구리는 펄쩍 뛰어 잡아먹지만, 물속 올챙이를 잡아먹는 건 잠자리 유충이다. 일승일패 무승부. 서울에서 유학할 때 고향 내려가면 때가 고지레한 친구들, 내 방 들어오려면 발부터 씻고 오라고 쫓아 보냈지만, 지금은 BMW 굴리고 서울 유명 교회 목사도 되고, 그 또한 일승일패. 딴에는 열심히 끼어들기 해 시내까지 왔더니 집 앞에서 앞지른 차가 내 앞에 와 있다. 나를 누군가 앞서 간다는 것은 내가 뒤쳐져서가 아니라 누군가가 조금 더 빨리 갈 수 있던 것뿐이다. 그것은 부끄러운 일이 아니다.

펠리세이드 – 나를 위한 울타리

　애들이 넷이다 보니 25평 임대아파트가 좁아지기 시작했다. 처음 이 집에 이사 들어올 때만 해도 우리 식구가 살기에 과분한 거 아닌가 싶을 정도로 맘에 들었다. 이 아파트로 이사 오면서 아내는 너무 만족해했고, "하나님 감사합니다."라는 말을 연발했다. 그 때라고 식구가 적었던 것은 아니었다. 두 딸이 있었고, 백 세를 바라보는 아내의 할머니를 모시고 있던 터였으며, 이미 뱃속에는 셋째(그 때까지만 해도 막내라고 믿어 의심치 않았다.)가 들어섰던 때였다. 우리 부부가 안방을 차지했고, 두 딸이 방 하나에서 2층 침대를 두고 사용했고, 할머니가 나머지 하나를 사용하셨다. 그리고 거실이 내 전용 서재였다. 식구들 모두가 잠이 든 늦은 밤이 되면 거실 등을 끄고 독서 등 아래서 책을 읽거나 글을 쓰는 것을 즐겼다. 어쩌면 그 시간의 책상 앞이 나만의 공간이었고, 나만의 세계를 즐길 수 있는 시간이었기 때문에 좋아했을 것이다.

그런데 할머니가 세상을 뜨실 때 쯤 셋째가 태어났고, 그리고 2년 후에 막내가 태어났다. 그 사이 첫째와 둘째 딸은 방 하나씩을 요구할 나이가 되었고, 우리 부부와 셋째, 막내가 한 방을 사용하기 시작했다. 그러는 사이 짐도 불어났고, 거실의 나만의 공간은 아이들 옷장을 비롯해 각종 세간들로 정복당하고 말았다. 셋째가 다섯 살, 막내가 두 돌이 될 즈음 아내는 이사를 결심했고, 몇 주 지나지 않아 바로 옆 단지인 34평 아파트로 이사를 하게 되었다.

이삿짐 싸던 날 아내가 사라졌다

이사할 때마다 느끼는 바지만, 정말 짐이 너무 많다. '우리 집에 이런 물건들이 있었나?' 싶은 것들이 한두 개가 아니다. 그런 짐들 대부분은 나와는 상관없는, 나의 관심 영역 밖의 것들이다. 반면 내 짐은 단출하다. 기껏해야 책상과 책장, 책들, 그리고 평소 책을 읽으면서 듣는 작은 오디오와 블루투스 스피커, 그게 전부다. 물론 책이 수 천 권이라는 게 흠이라면 흠이지만. 그래서 이사를 앞두고 짐을 정리하기 시작한 아내에게 주저함 없이 물었다. "뭔 짐이 이리도 많아? 이참에 버릴 것들 싹 다 버리지! 몇 달 이상 안 쓰는 물건은 과감히 버리라너군." 그 말에 아내가 한 치의 망설임 없이 대답했다. "당신 책이나 좀 버리지!" 그 말에 정신이 바짝 들어 더 이상 대꾸하지 못했다. 나에겐 내 옷가지, 식기류를 비롯한 모든 세간들은 다 아내 짐이고, 네 아이들 짐이라고만 생각했던 것이다.

언제부턴가 아내는 이사할 때마다 내가 그간 사 모은 책들에 대해 그다지 곱지 않은 시선으로 바라보았다. 그리고 그런 아내의 마음도 충분히 이해가 간다. 결혼하고 열한 번 정도 이사를 했다. 올해가 결혼 20주년이니 거의 2년에 한 번 꼴로 이사를 한 셈이다. 그 중 영국 런던에서 이사를 한 것만 네 번. 런던에서 4년 정도 살았으니 일 년에 한 번 이사했다. 그런데 그곳은 이삿짐센터 같은 곳이 없이 직접 트럭을 운송업체에 빌려 이사를 해야 했다. 이사할 때 가장 무겁고 포장하는 데 가장 시간이 오래 걸리는 것이 책이었다. 그 짐을 싸고, 옮기고, 차에 싣고, 내리고, 새 집으로 옮기고 또 다시 풀고, 꽂는 데만 며칠이 걸렸다. 이사를 하면 한 며칠은 몸살이 걸려 끙끙 앓을 정도로 힘들었지만, 아내는 싫은 내색 한 번 한 적이 없었다. 그랬었다.

추석 연휴가 끝나는 이사 전날, 아내 말이 자꾸 마음에 걸려 아침부터 내 짐을 싸기 시작했다. 상자에 책을 담고는 매직펜으로 "아빠 책"이라고 큼지막하게 글씨를 썼다. 예전엔 책을 싸고, 나르고, 풀고, 책장이 꽂는 일은 전혀 힘들지 않았다. 상자에 책을 담으면서 '나에게 이런 책도 있었네.' 혹은 애지중지 여기며 읽던 책들의 책장을 피적피적 뒤직여 보고는 스스로를 대견해 했다. 하루 종일, 몇날 며칠을 쪼그리고 앉아 책을 싸고, 새로 이사 들어간 집에서 들어가서는 상자를 열고 책장에 책을 꽂았다. 마냥 행복했다.

하지만 나이 오십이 되니 그 일이 쉽지 않았다. 쉽지 않을 뿐만 아니라 그다지 행복하지 않았다. 대부분의 책은 교회 사무실에 있고, 집에는 극히 일부인데도 몇 상자 싸고 나니 피곤이 밀려 왔다. 포장한 상자를 베란다로 옮기는 일도 만만한 일이 아니었다. 나이를 먹으니 기력이 예전만 못한 것도 있겠지만, 책을 향한 애정이 식었는지도 모를 일이었다. 내가 이 정도니 아내에게 내 책은 그저 짐에 지나지 않았고, 늘 빠듯한 가계에 막대한 피해를 입히는 골칫덩어리에 불과했던 것이 당연한 일이었던 것이다. 그러니 "당신 책이나 좀 버리지!"라는 말을 서슴없이 내뱉을 수 있었던 것이리라.

이삿짐 싸던 날 아내가 사라졌다.

책장으로 방 사면을 장식하고, 그 속에서 책 구경을 하는 것을 재미로 삼곤 했다. 물론 지금도 그러고 있고, 계속해서 그러고 싶다. 그런데 사면 책장에 꽂힌 무수한 책들을 바라보노라면 가끔 이런 생각이 들곤 한다. '저 많은 책들 중 제대로 읽은 건 몇 권이나 될까? 저 책들을 안 사고 저축을 했더라면 진작 34평 아파트로 이사할 수 있었을 텐데, 그것도 월세가 아니라 집을 사서.'

언제부터인가 아내는 내게 책 좀 그만 사라고 잔소리를 해댄다. 셋째를 낳고 나서는 그 잔소리가 더 많아졌고, 막내가 태어난 후로는 잔소리 범주를 벗어나 그 호통이 추상같다. 전혀 눈치도 안 보던 그 시절이 아득한 추억이 되는 것 같아 왠지 서글프기까지 하다. 며칠 전 지인이 선물로 책을 사줘서 집에 들고 왔을 때였다. 아내는 "책을 또

샀어?"라며 가자미눈을 뜨고 잔소리를 늘어놓기 일보 직전이었다. 나는 그 즉시 "선물로 받은 거야"라고 대답했다. 내가 생각해도 내 목소리에는 당당함과 떳떳함이 서려 있었다. 더 이상 아무런 대꾸도 못하겠거니 생각했다. 그런데 예상은 빗나갔다. "이사가 낼 모렌데 왜 자꾸 짐을 늘려. 당신 짐 늘리자고 큰 평수로 이사 가는 거 아냐!"

'누군가 그랬다잖아. 집은 책으로 채우고, 정원은 꽃으로 채우라고. 난 내 방을 책으로 채울 자유가 있다고 생각해. 그 정도의 자유는 보장해 줘야 하는 거 아냐!' 이렇게 단호하게 말하려 했지만 그 말은 입 밖으로 튀어나가지 못하고 입안에서 맴돌 뿐이었다. 열두 번째 이삿짐을 싸던 날, 남편 말이라면 곧이곧대로 들었던, 그랬었던, 착하고 순수했던 아내가 사라졌다. 세월이 야속하다.

예전에 친구의 집에 방문해 하루 묵은 적이 있었다. 평수가 그리 크지 않은 아파트였다. 그곳에서 낮에는 아이들에게 영어를 가르치며 살고 있었다. 영어와 관련된 책들과 책상들로 거실이 비좁아 보였다. 친구는 내게 베란다로 안내했다. 베란다는 잘 정리되어 있었고, 그 인에는 2인용 티 테이블이 놓여 있었다. 그는 핑소 이곳에서 책을 보기도 하고, 아내와 오붓하게 앉아 커피를 마신다고 말하였다. 그 친구의 공간은 베란다였지만, 전혀 초라해 보이지 않았다. 다양한 화초를 가꾸고 있었는데, 화초에 둘러싸인 채 홀로, 때로는 아내와 함께하는 그 공간이 참으로 따뜻해 보였다.

사람은 누구나 자기만의 공간이 필요하다. 가정에서도 마찬가지다. 아내만의 공간, 남편만의 공간, 자녀만의 공간. 그 공간이 거실일 수도 있고, 거실의 소파일 수도 있다. 나에겐 서재다. 책으로 둘러싸인 채 바흐의 무반주 첼로 음악을 들으면서 독서 등 아래서 책을 읽거나 글을 쓸 때가 가장 행복하다. 그렇다고 아내나 자녀들과 함께 하는 시간을 싫어하는 것은 아니다. 아내와 함께 하는 시간, 자녀들과 함께 하는 시간도 소중하다. 그렇다고 그것만으로 충분하지 않다는 사실이다. 나만의 시간, 나만의 공간에서 단 30분이라도 조용히 사색하고, 책을 읽고, 음악을 들을 수 있어야 각박해지지 않는다. 그런 시간과 공간이 있어야 가족들과 훨씬 더 풍요로운 삶을 영위해 나갈 수 있다. 그러니 집의 규모와 상관없이 그런 따뜻한 공간을 만들어 보자.

우동 한 그릇의 힘 - 베풂

초등학교 1학년 겨울방학, 불의의 사고로 어머니가 돌아가셨다.

그 후 아버지는 술로 하루하루를 보내는 날이 잦아지며 안정적인 생활이 불가능해졌고, 결국에는 떠돌이 생활이 시작되었다. 가까스로 철길 옆 다 쓰러져 가는 단칸방을 얻었지만 여전히 경제적인 어려움에서 헤어 나오지 못한 상태가 계속되었다. 동네아이들이 모두 학교를 가고 난 후의 텅 빈 공터는 내 차지였다. 어느 집 담벼락에 기댄 채 그 집에서 흘러나오는 라디오를 듣기 위해서였다. 담벼락 안쪽에서 들려오는 라디오는 내가 세상과 접속할 수 있는 유일한 통로였다.

그 날도 동네 아이들이 학교를 간 사이 공터에 홀로 앉아 햇볕을 쬐며 라디오를 듣고 있었다. 한 이틀 음식을 제대로 먹지 못한 채로 말이다. 그 때 공터 맞은편의 파란 철 대문이 열리더니 결혼한 지 얼마 되지 않은 새댁이 손짓하며 나를 불렀다. 그분 역시 단칸방에 살고 있었다. 방 한가운데는 작은 밥상이 놓여 있었고, 그 위에 붉은 색과 흰 색이 교차되어 있는 식탁보가 덮여 있었다. 식탁보를 들추니 흰 쌀밥에 서너 가지의 반찬들이 정갈하게 차려져 있었다. 겸연스러워 쭈뼛거리고 있는 나에게 그는 어서 먹으라고 손에 숟가락을 쥐어 주었다. 그 후로도 서너 차례 나에게 정갈하게 차린 식사를 제공해 주셨다. 제대로 씻지도 않고 살았던 때라 몸에서 냄새가 많이 났을 텐데도 전혀 개의치 않는 눈치였다.

한 겨울 어느 날, 대전역 앞에 있는 중앙시장을 걷고 있었다. 그 날도 제대로 밥을 먹지 못했다. 다 떨어진 흰 고무신을 신고, 시장 한복판을 배회하고 있는 아홉 살 난, 비쩍 마른 나를 보고 한 아저씨가 다가오셨다. 그리고는 "너 배고프지?"라고 하시고는 곧바로 나를 선짓국밥집으로 데리고 가서 국밥 한 그릇을 사주셨다.

그 일이 어린 나를 살게 했다. '여전히 세상은 희망이 있구나!'

우동 한 그릇이 주는 감동

구리 료헤이의 『우동 한 그릇』이라는 동화책을 읽을 때마다 지난 시절이 떠오른다. 이 책을 서점에서 집어 들고 집까지 걸어오면서 읽었다. 걸어오는 내내 흐르는 눈물을 소매로 닦으면서 읽었던 기억이 지금도 생생하다. 그리고 지금도 가끔 이 책을 읽는데, 이상하리만큼 그 때의 감동이 줄어들지 않는다.

섣달그믐날 밤, 한 엄마와 두 아들이 [북해정]이라는 우동집에 들어섰다. 그리고는 주인장의 눈치를 보면서 "저... 우동... 일인분만 주문해도 괜찮을까요?"라고 물었다. 주인 부부는 전혀 불쾌한 내색 없이 세 사람을 자리로 안내한 후 면 한 덩어리에 절반을 더 얹어 내놓았다. 그다음 해 섣달그믐날에도 이 세 사람은 북해정을 찾아와 우동 일인분을 주문했고, 주인장 부부는 지난해와 마찬가지로 반 덩이 더 얹어 1.5인분을 내놓았다. 여 주인장은 남편 주방장에게 3인분을 주면 어떻겠느냐고 하지만, 남편은 그럼 부담을 느껴 불편해 할 거라는 말을 곁들이면서. 그다음 해에도 이곳을 찾은 세 사람은 이번엔 2인 분을 주문하고는 빚을 다 갚게 된 이야기, '우동 한 그릇'을 주제로 글을 쓴 동생 이야기로 섣달그믐날 밤을 보낸다. 그 후로 십 년 이상 이 세 사람들은 북해정에 나타나지 않았다. 그러는 사이 북해정은 이 세 사람의 이야기가 회자되기 시작하면서 '행복의 테이블'로 입소문이 났고, 시간이 흐를수록 손님들로 북적였다. 특히 섣달그믐날 밤이 되면 혹시나 그들이 이곳을 다시 찾을지도 모른다는 기대감을 안고 막연히 기다렸다. 그리고 어느 섣달그믐날, 이 세 사람이 다시 북해정을 찾아와 우동 3인분을 주문하고, 고맙다는 말을 전한다는 이야기나. 구리 료헤이의 『우동 한 그릇』은 전 세계 수많은 사람들에게 감동을 주었고 영화로도 제작되기도 했다.

이 책을 몇 번을 읽었지만 다시 읽을 때마다 눈시울이 또 다시 뜨거워질 정도로 감동적인 이야기다. 누군가에게 베푸는 작은 친절이 때로는 그 친절을 받는 대상뿐만 아니라 주변 사람을 넘어서 수많은 사람들에게 살아갈 용기를 준 것이다. 북해정 두 주인장 부부가 베푼 친절은 엄청난 것이 아니었다. 1인분을 1.5인분 분량으로 2번, 2인분 주문했을 때 3인분 분량을 내준 것이 전부다. 총 세 번. 그러나 이 세 번이 한 가족에게 용기를 주었다. 동생 준이의 '우동 한 그릇' 작문에는 이런 내용이 있었다.

"셋이서 한 그릇밖에 시키지 않았는데도 우동집 아저씨와 아줌마는, 고맙습니다! 새해엔 복 많이 받으세요! 라고 큰 소리로 말해주신 일. 그 목소리는 지지 말아라! 힘내! 살아갈 수 있어! 라고 말하는 것 같은 기분이 들었다고?? 그래서 준은 어른이 되면, 손님에게 힘내라! 행복해라! 라는 속마음을 감추고, 고맙습니다! 라고 말할 수 있는 일본 세일의 우동집 주인이 되는 것이 꿈이라고."

북해정 주인장 부부의 세 번의 작은 친절이 한 가족에게 "지지 말아라! 힘내! 살아갈 수 있어!라는 메시지를 전달해 주었다. 그리고 이 이야기는 수많은 사람들에게 용기를 주었다. 친절을 베풀 용기, 친절을 받을 용기.

어린 시절 내게 작은 친절을 베풀어 주었던 새댁도, 시장의 그 아저씨도 이름도, 얼굴도 기억나지 않는다. 예전에 TV에서 사람을 찾아주는 프로그램이 있었는데, 훗날 내가 유명해지면 그 방송에 출연해 꼭 그분들을 찾아 감사하다는 인사를 드리고 싶다는 생각을 한 적이 있었다. 유명해지지도 않았고, 설령 방송에 출연해 그분들을 찾아달라고 요청해도 불가능했을 것이다. 그리고 결정적으로 그 프로그램은 이미 종영된 지 오래다. 그분들의 이름도, 얼굴도 기억하지 못하지만, 그러나 그분들은 여전히 내 기억 속에 자리 잡고 지금도 가끔씩 내게 용기를 준다. "지지 말아라! 힘내! 살아갈 수 있어!"라고.

성경에도 이런 내용이 있다. "지극히 보잘 것 없는 사람에게 냉수 한 그릇 대접한 사람은 곧 그가 섬기는 신을 대접한 것"이라고. 세상에서 가장 작은 자, 이름도 없고, 힘도 없는 연약한 사람들에게 친절을 베푼 자는 곧 온 세상을 창조한 신에게 친절을 베푸는 것이요, 그것은 온 세상 사람들에게 용기를 주는 일이라고.

소유한다는 것

길이 2,200, 폭 750. 이번에 장만한 테이블 크기다. 이 테이블은 오직 나만을 위한 것이고, 어렵사리 아내의 동의를 구해 들여온 것이다. 크기도 크고, 무게도 상당해 아내는 이렇게 큰 테이블을 원치 않았다. 아내가 테이블을 반대한 이유도 충분히 납득이 되었다. 2년 후에 또 이사할 수도 있는데, 그때는 다시 작은 평수로 갈 가능성도 있는데 자꾸 짐을 불리는 것을 원치 않았기 때문이다. 평소 이 정도 크기의 테이블을 늘 꿈꾸었던 나로서는 아내의 단호한 태도에 기가 죽어 그저 눈치만 살필 뿐이었다. 박봉에 시달리면서도 불평 한 마디하지 않고 살림을 꾸려가고 있는 것을 누구보다 잘 알고 있기 때문이었다.

그런데 이번에 마을 도서관에서 공간에 비해 테이블이 너무 커서 처분하기로 했다는 소식이 들려왔고, 그 소식이 들려오자마자 아내

의 윤허를 받기 위해 갖은 알랑방귀를 뀌기 시작했다. 아내가 일을 나간 사이 설거지를 하고, 집 청소를 하고, 음식쓰레기를 비롯해 쓰레기들을 내다 버렸다. 며칠 그렇게 서비스 아닌 서비스를 하고, 알랑방귀를 뀌었더니 이번에는 제대로 먹혔다. 그 테이블이 공짜였기 때문인지, 혹은 둘 다인지, 아내의 윤허를 얻는 데 그리 오랜 시간이 걸리지 않았다.

평소 내 책상은 여러 권의 책들로 어수선하다. 한 번에 한 권의 책을 보는 때도 있지만 대개는 두 권 이상의 책을 펼쳐 놓는다. 게다가 태블릿 노트북, 그리고 펜과 메모장 등도 준비해 둔다. 그런데 이것이 전부가 아니다. 반드시 오디오나 블루투스 스피커에서 은은하게 울려 퍼지는 요한 제바스티안 바흐의 무반주 첼로 음악이 있어야 마음의 안정을 찾고 독서나 글쓰기에 집중할 수 있는 것이다. 그러니 어지간한 크기의 책상으로는 만족할 수 없는 것이다.

얼마 전 목공을 잘하는 후배에게 책상 견적을 낸 적이 있다. 그는 재료비만 받고 만들어 주겠다고 얘기했다. 하지만 결국 아내의 반대에 추진하지 못했던 터였다. 그 때 후배가 "요즘 글은 잘 써지는지?"를 물었다. 그 때 무심코 내뱉은 말이 이러했다. "맘에 드는 책상이 있어야 글이 잘 써질 것 같네." 나만의 서재, 공간 없이 지낸 지가 수년이 되었다. 상황이 그러했으니 원하는 크기의 책상을 구하는 일은 언감생심 꿈도 꾸지 못할 일이었다. 그저 아침에 대형 카페에 출근하다시피 하면서 책을 읽고 글을 쓰려고 했지만 생각만큼 진도가 나가지 않았다. 카페에 손님들이 넘쳐날 때는 잔잔한 음악을 들으면서 책을 읽을 수 있는 곳이 아닌, 그저 도떼기시장과 다름없었다. 그렇게 하루하루가 흘렀고 마감 날이 다가올수록 압박감은 더욱 커졌고, 덩달아 글감조차 떠오르지 않았다.

나희덕 시인의 『사라진 손바닥』이란 시집에는 '방을 얻다'라는 시가 나온다. 해야 할 일과 삶에 대한 압박감이 커져 올 때는 이 시를 떠올린다. 떠올리는 것이 아니고 저절로 떠오른다. 아이들로 북적거리는 집을 떠나, 다양한 사람들의 목소리를 들어야 하는 현실로부터 나만의 공간, 나만의 시간으로 탈출하고픈 무의식의 발로일 것이다. 몇 달, 몇 주는 아니더라도, 산이 보이고, 자연의 소리가 들리는 고즈넉한 집에서 며칠만이라도 홀로 지내고 싶어지곤 한다. '방을 얻다'라는 시의 한 구절을 읽어 보자.

- 저어, 방을 한 칸 얻었으면 하는데요.
일주일에 두어 번 와 있을 곳이 필요해서요.
내가 조심스럽게 한옥 쪽을 가리키자
아주머니는 빙그레 웃으며 이렇게 대답했다.
- 글씨, 아그들도 다 서울로 나가불고
우리는 별채서 지낸께로 안채가 비기는 해라우.
그라제마는 우리 집안의 내력이 깃든 데라서

맴으로는 지금도 쓰고 있단 말이요.
이 말을 듣는 순간 정갈한 마루와
마루 위에 앉아 계신 저녁 햇살이 눈에 들어왔다.
세놓으라는 말도 못하고 돌아섰지만
그 부부는 알고 있을까,
빈방을 마음으로는 늘 쓰고 있다는 말 속에
내가 이미 세 들어 살기 시작했다는 걸.

나희덕 시인은 마음에 드는 집을 발견하자마자 그 집의 주인에게 방 한 칸 달라고 요청한다. 주인의 대답이 예술이다. "맴으로는 지금도 쓰고 있단 말이요." 지금은 빈 방이지만 오랜 세월 동안 가족들 혹은 자녀들이 묵었던 곳이었기에, 그곳은 더 이상 빈 방이 아니었다. 주인의 예술적인 거절에 시인의 마지막 한 마디는 화룡점정이다. "내가 이미 세 들어 살기 시작했다는 걸." 마루 위에 비치는 저녁 햇살에 마음을 빼앗긴 순간 시인에게 그 햇살은 더 이상 평범한 일상의 현상이 아니었다. 그런 햇살이 비치는 방에서 차분한 마음으로 바흐의 무반주 첼로 연주곡을 들으며 한 줄의 글을 쓰고 싶은 열망, 이것은 결단코, 사지도 아니고, 욕심도 아니라고 변명하고 싶을 뿐이다.

원고마감이 다가올 때까지 나는 고즈넉한 집의 방 한 칸을 마련할 용기도, 결단도 하지 못하고 말았다. 며칠 혹은 몇 주를 가족들과 본업을 뒷전으로 미룰 수 있는 용기를 발휘하기가 어찌나 어렵던지. 그러던 중 테이블이 생긴 것이다. 원목 중에서도 밀도가 높은 수종으로 만든 탓인지 무게가 장난이 아니었다. 주변 사람들의 도움으로 가까스로 집 거실로 테이블을 들여놓기는 했으나 그것으로 문제가 해결된 것이 아니었다. 그에 걸맞은 의자가 필요했던 것. 처음엔 괜찮은 플라스틱 접이의자를 사려고 마트를 찾아갔다. 하지만 바로 옆에 원목접이의자가 눈에 들어 왔다. 빈티지한 느낌에 튼튼해 보였다. 의자를 펼쳐서 앉아보니 착석감이 탁월했다. 플라스틱 의자보다 만 원 정도 더 비쌌지만 아내를 설득했다. 사실 아내도 이 의자를 맘에 들어하는 눈치였다. 결혼 생활 20년이 되니 이런 경지에 이르렀나 보다. 결국 원목의자로 결정했다. 그것도 한 개가 아니라 6개씩이나. 테이블이 크니 의자도 그만큼 필요했기 때문이다.

집에 들어오자마자 테이블과 의자를 세팅하고는 그 위에 블루투스 스피커를 두고도 공간이 충분한 여유가 있었다. 바흐의 무반주 첼로 연주가 흘러나온다. 거실 등을 끄고 테이블을 비추는 전등을 밝히니 작은 행복이 밀려오는 것을 느낀다. 이제는 사용하는 일만 남았다.
　작은 것이라도 내 것을 만들어보자. 마음을 담고 때론 나를 나답게 계획하고 세우면서 소소한 행복을 느껴보자. 그러면 이제는 사용하는 일만 남지 않을까!

공동체에 귀 기울이기 그리고 참여하기

지난여름 제주도에 다녀왔다. 예멘 난민들이 대거 제주도에 입도하자마자 여론이 들끓었고, 또 다시 진보와 보수 진영이 갈라져서 싸우는 형국이었다. 필자가 목회하고 있는 교회에서는 예멘인들을 도움이 필요해서 찾아온 나그네로 여기고 그들을 위해 헌금을 모으자는 제안이 있었고, 모금액을 들고 교회 대표로 제주도로 향하기에 이르렀다. 예멘 난민들을 직접 만나기 전에 제주도 난민대책 위원회의 김 모 국장을 어렵사리 만났다.

용두암의 카페에서 만나자마자 김국장이 왜 우리 일행과의 만남을 달가워하지 않았는지를 설명했다. 가톨릭, 불교는 조직이 일원화되어 있어서 체계적인 반면 개신교는 채널이 다양해서 긴장이 된다는 것이었다. 그의 좀 더 솔직한 대답은 개신교는 당장의 성과에만 관심을 기울이고 있다는 내용이었다.

김국장은 단호했다. "그런 식으로 도와주면 안 됩니다."

난민들은 장기적으로 한국에 정착해야 한다. 따라서 그들이 한국 사회에 적응하고 정착해 생존할 수 있도록 체계적이고 장기적인 로드맵이 필요한 실정인데, 개신교측은 그게 전무한 상황이라는 것이다. 교회들이 무분별하게 지원하게 되면 예멘 난민들의 일할 의욕을 빼앗을 수 있고, 자생력을 키우는 데 오히려 방해가 된다는 것이 김국장의 핵심 주장인 셈이었다.

그래서 물었다. "어떻게 하면 좋겠는가?" 김국장은 컨트롤 타워의 필요성을 강력하게 제기했다. 난민지원 단체들이 함께 연대해 조직적이고 일관성 있게 지원정책을 마련해야 한다는 것이다. 정부는 여론의 눈치만 보면서 사고만 터지지 않게 하려고 한 장소에 몰아넣고 통제하려고 한다. 정부지원을 받는 단체들은 어쩔 수 없이 정부의 주문대로 움직일 수밖에 없다. 민간단체와 교회, 시민들이 연대해야 한다. 그리고 도와주려면 난민대책위원회와 같은 곳에 후원해 줘라. 난민들을 직접 만나 돕는 일은 자제해 달라. 그들을 직접 도울 때도 지원 단체들과 논의하면서 함께 움직여야 한다.

예멘 친구들을 난민으로 바라보지 말고 사람으로 바라봐 주길 바란다. 그들에게 아랍어를 가르치거나 아랍 음식 체험 프로그램 등을 운영해 노동력에 대한 대가로 돈을 줘라.

김국장은 한마디로 예멘 친구들을 환대하되 '전략적 환대'를 해야 한다고 말했다.

김국장과 헤어진 후 제주시의 한 상가 건물지하에 찾아갔다. 지하 연습실이었다. 20명 이상의 예멘 남자들이 매트를 깔고 누워 자거나 저녁 식사를 준비하거나 수다를 떨고 있었다. 대다수는 20세 초중반 이지만 40대로 보이는 사람들도 몇 있었다.

예상치 못했던 불청객들이 문을 열고 들어서자 대부분은 환하게 웃는 얼굴로 북적대는 상황에서도 우리 일행을 위한 자리를 만들어 주고, 반갑게 인사를 건넸다. "안녕하세요? 반갑습니다."

또박또박 한국어로 인사말을 건네며 그들은 뜻밖의 손님들을 환대해 주었다. 그리고는 손짓을 곁들여 "식사하고 가세요."라고 말하였다. 그들의 표정은 진지했고, 손님을 대접하는 것은 당연한 일이라는 눈빛이었다.

우리 일행은 이구동성으로 배가 고프지 않다며 식사 초대를 정중히 거절했다. 그들을 돕는 한국인 봉사자들은 식사를 같이 하는 것이 그들의 전통이고 그들이 하는 음식은 정말 맛있다고 거들었다. 그러나 사실 이 많은 사람들의 식사를 준비하는 것도 일이란 생각이 들었다. 우리는 다음 일정 핑계를 대면서 미안하다고, 다음에는 여유 있게 와서 식사하겠다고 답했다. 그랬더니 한 예멘 친구가 "커피 마실래요?"라고 물었고, 우리는 모두 좋다고 응대했다.

스무 살 갓 넘은 그의 눈은 순수했다. 내 옆에 있던 일행 한 명이 "애들이에요. 이제 갓 대학생이 되었을... 자식 같은 애들인데..."라는 말을 할 때 대학생 딸을 둔 엄마의 마음이 고스란히 전달되었다.

우리 일행 주변에 둘러앉은 친구들, 피곤해 잠을 자고 있는 친구들, 같이 사진을 찍어 주는 친구들 ... 의사소통은 어렵고, 피부색도, 종교도 다르지만 그들은 모두 우리를 환대해 주는 평범한 '친구들'이었다.

이 장소는 지난여름 이전까지만 해도 한 여성 음악인의 연습실이었다. 그러다 예멘 친구들 소식을 듣고 기꺼이 자신의 연습실을 제공한 것이다. 그렇게 한 달 이상의 시간이 흘렀고, 그 시간들이 장마철의 습기가 지하실로 모여들기 시작하면서 쉽지 않았을 것은 충분히 짐작할 수 있었다. 다행히 에어컨이 있었다. 그 에어컨은 이곳을 방문한 누군가가 기증해 주었다. 와서 보니 무엇이 필요한지 알게 되었고, 그렇게 마음이 움직인 사람들이 돕게 되는 것이 세상의 이치인가 보다.

커피 믹스를 한 잔 마시면서 이러저러한 이야기를 나누고 그곳을 나왔다. 숙소 밖에서 봉사자들에게 물었다. "인근 주민들이 싫어하지 않나요?"

그의 대답은 의외였다. "싫어할 줄 알았는데, 그렇지 않더라고요. 오히려 식당에서 음식을 갖다 주기도 하고, 생필품들을 기증해 주기도 해요. 그러면서 많이 도와주지 못해 미안하다고, 이런 일 해주셔서 고맙다고들 해요." 이 말을 듣자마자 순간 울컥했다.

─────── 절대적 환대

절대적 환대라는 말이 있다. 조건 없이 차별하지 않고 환영해 주는 태도를 말한다. 지금 우리는 절대적 환대가 요구되는 사회에서 살고 있다. 지리적으로 가까운 자들만이 아니라 세계 어느 곳에 살고 있더라도, 우리와 피부색, 문화가 상이하더라도, 그들을 사람으로 인정해 주어야 하는 시대가 도래한 것이다. 『사람, 장소, 환대』의 김현경은 절대적 환대란 "타자를 도덕적 공동체로 초대하는 행위"라고 정의하면서 "사회를 만드는 것은 규범이나 제도가 아니라 바로 환대"라고 강조한다.

『레미제라블』에서 미리엘 주교는 이런 글귀를 책에 적어 두었다고 한다.

"잘 곳을 청하는 사람에게 그 이름을 묻지 마시오. 피신처가 필요한 사람에게는 특히 그의 이름이 거추장스럽습니다."

그러면서 미리엘 주교는 이 글을 쓴 의도를 덧붙이고 있다.

"이 글을 본 숙박업자는 그건 불법이라고 하겠죠. 맞습니다. 불법입니다. 숙박업소는 이 나라 법을 적용받기 때문입니다. 그러나 교회는 이 나라 법이 아닌 하나님 통치를 받는 곳이며, 따라서 이 글귀는 불법이 아닙니다."

미리엘 주교는 사제의 집은 항상 열려 있어야 한다고 생각했고, 그 결과 장발장을 만나게 된 것이다. 교회는 늘 불행한 사람들, 즉 '레미제라블'(비참한 사람들)을 받아들일 준비를 하고 있어야 한다. 미리엘 주교는 가난하고 연약한 백성들을 불행한 사람들, 레미제라블이라 생각했고, 그들을 환자, 자신을 의사로 여겼다.

나는 가끔 마음이 울적하거나 생각을 정리할 일이 있으면 수도원에 간다. 내가 왜 이런 한적한 곳을 즐겨 찾는 것일까 생각해 보았다. 내가 즐겨 찾는 수도원은 널찍한 부지에 고색창연하고도 웅장한 건물이 자리하고 있다. 효율성 면에서는 정말 빵점이다. 주중에는 이곳을 찾는 이들이 그리 많지 않기 때문이다. 아깝다는 생각도 든다. 하지만 이곳이 참 좋다. 고즈넉한 분위기 때문만이 아니다. 다른 사람들의 방해를 받지 않고 신을 독대할 수 있다는 점뿐만 아니라, 수십 년 동안 이 수도원은 사람들을 이 자리에서 기다리고, 환영해주고 있기 때문이다. 말없이, 묵묵히. 내가 어떤 신앙의 소유자인지, 이름이 무엇인지, 무슨 아픔이 있는지, 테러리스트인지 아닌지 전혀 묻지 않는다. 무관심해서가 아니라 오히려 내 모든 고민을 아는 것처럼 느껴진다.

"신원을 묻지 않는, 보답을 바라지 않는, 복수하지 않는 환대. 사회를 만드는 것은 이런 의미에서의 절대적 환대이다. 누군가는 우리가 그런 사회에서 살아본 적이 없다고 말할지 모른다. 하지만 사회운동의 현재 속에 그런 사회는 언제나 이미 도래해 있다"(김현경, 『사람, 장소, 환대』).

우리 사회는 배제와 포용, 환대와 차별 사이에서 몸살을 앓고 있다. 임대 아파트 주민들과 자신들을 구별 짓는 분양아파트 주민들, 다문화 가족들에 대한 차별, 강북 사람을 무시하는 강남 사람, 여성혐오, 서울·경기권 대학교와 지방대의 격차... 같은 아파트 안에서도 평수에 따라, 분양이냐 월세냐에 따라, 무슨 차를 타고 다니느냐에 따라 또 갈라진다.

2차 세계 대전이 발발할 당시, 나치가 반유대주의 정서를 이용해 정권을 잡고 유대인 학살을 펼쳤던 것과 세계 대전을 일으켰던 역사를 반면교사로 삼아야 할 때다. 보수극우단체, 보수 기독교 단체에서 유포하고 있는 가짜뉴스에 현혹되는 일이 있어서는 안 될 것이다.

사람은 자리 혹은 공간이 있어야 살 수 있다. 이 사회에서 머물 자리를 찾지 못하는 사람은 생존은 가능할지 모르나 사람다운 삶은 불가능하다. 사람은 생존을 위해 살아가는 존재가 아니다. 마지못해, 꾸역꾸역 살아가는 인생은 비극이다.

소수자들에 대한 혐오가 위험수위를 넘어서고 있다. 여성을 비롯해 외국인, 특히 제3세계에서 온 외국인에 대한 차별과 혐오는 때로 광기에 가깝다. 가부장적 남성우월주의에 사로잡힌 자들은 여성에 대한 혐오나 성적대상화로 치부한다. 제3세계 외국인들을 향한 인종차별적 행태는 낯이 뜨거울 정도다. 〈말하는 대로〉라는 TV 프로그램에서 가나에서 온 샘 오취리가 했던 말이 있다. 지하철에서 한 아주머니는 오취리가 옆자리에 앉지 못하게 다리를 쩍 벌려 앉았고, 아예 대놓고 "니네 나라로 돌아가"라고 말했고, 그와 동행했던 한국인 친구에게는 "왜 이런 사람이랑 같이 다녀?"라고 말하였다고 한다. 그런데 오취리가 정말 가슴 아팠던 것은 그 주변에 있던 한국인들이 하나같이 침묵을 지키고 있었다는 것이다.

결국 많은 한국인들이 오취리에게 자리를 내주지 않았다. 그들에게 오취리는 사람이 아니라 노예와 같은 비인격적 존재 혹은 대상에 지나지 않았던 것이다. 하지만 오취리가 한국 사회를 등지고 떠나지 않았던 이유, 차별과 혐오를 극복할 수 있었던 비결은 '우리'라는 단어 때문이었다고 한다. 그를 친구로 인정하고, '우리' 안으로 초청하고 응원해 준 친구들이 있었기에 가능한 일이었다. 친구들이 그에게 '자리'를 내어 주었고, 그의 이름을 불러주었으며, 그의 얼굴을 바라보았기에 오취리는 한국사회에서 성원권을 얻을 수 있었던 것이다. 사람은 "장소 의존적 존재"다. 사람은 반드시 그가 거할 장소가 있어야 하며, 그래야 인간이 아닌 사람이 될 수 있다.

인간 혐오가 죄다!

한 때 유럽과 북미에서는 '마녀사냥'으로 수많은 여성들이 처형당했다. 14세기~17세기까지 대략 20만~50만의 사람들이 마녀 혹은 마법사라는 죄목으로 처형대에 올랐다. 물론 그들 중 절대다수는 여성이었다. 백년 전쟁에서 프랑스를 구한 영웅으로 추앙받는 잔 다르크도 마녀재판으로 처형당했다. 당시에는 여성은 잠재적 마녀였던 것.

『마녀의 망치』라는 중세 말의 책이 있었다. 그 책은 마녀사냥 교본으로 "교회에 가기 싫어하는 여자는 마녀다. 열심히 다니는 사람도 마녀일지 모른다."는 식의 내용을 담고 있다.

흥미로운 사실은 마녀사냥이 교회(그것이 가톨릭이든, 개신교든)가 가장 약했을 때 절정에 이르렀다는 점이다. 특정 체제에 위기가 닥쳤을 때 마녀사냥이 유행했고, 그로 인해 당시 사회적 약자인 여성들이 희생되었던 것이다. 권력의 위기, 공백이 발생했을 때 발생하는 종교적 광기였던 셈이다.

한국 사회에서의 마녀사냥은 종북, 빨갱이라는 이름으로 자행되곤 했다. 비판적 지식인들을 위와 같은 이름의 죄를 덮어씌운 후 옥에 가두고 처형함으로 기득권 유지에 힘썼다. 선거철이 다가오면 영락없이 북풍이 불었다. 북풍이 불면 보수적인 정치인들은 때를 기다렸다는 듯 국가안보를 위해 보수당에 표를 던지라고 으름장을 놓았다.

그만큼 한국의 정치 지형이 위태하고 일순간에 무너질 수 있는 모래성과 같다는 반증일 것이다.

박찬욱 감독의 〈아가씨〉라는 영화에서 주인공 두 여성은 탐욕스러운 남성들로부터 벗어나 서로 평등한 관계에서 정사를 벌이는 장면으로 막을 내린다. 영화에 등장하는 남자들은 모두 탐욕에 의해 행동한다. 돈이든, 섹스든, 혹은 둘 다든. 그러나 히데코(김민희)와 숙희(김태리)는 처음엔 주종의 관계였지만 어느 순간 서로를 향한 연민과 사랑으로 탐욕스런 남자들을 통쾌하게 속이고 선상에서 - 배는 자유의 땅을 찾아가는 상징이다- 서로를 향한 사랑의 절정을 보였다.

영화 〈Shape of Water: 사랑의 모양〉에서 우리에게 던져주는 예언자적 메시지를 귀담아 들어야 할 때다. 양서류 인간과 청각장애 여성의 사랑을 그린 이 영화는 차별이 익숙한 우리들에게 도전한다. "차별하는 인간은 신의 형상을 닮지 않은, 괴물일 뿐이다!"라고.

행복은 소유가 아닌 관계에서 온다

어린 시절 우리 사회는 참 바쁘게 움직였다. 먹고 사는 문제에 급급했던 터라 부부가 직장생활을 하고 자녀들은 부모들이 퇴근하고 돌아올 때까지 기다리는 때가 많았다. 지금처럼 방과 후 돌봄 제도가 전무했던 때였고, 더구나 아이들이 시간을 때울 만한 곳이 거의 없던 시절이었다. 그저 학교를 마치면 집으로 향했고, 집에 오면 가방을 방 안에 던져놓고는 마을 공터로 달려 나갔다. 공터에서 동네 친구들과 주먹 야구도 하고, 자치기도 하고, 깡통 차기, 비석치기, 오징어 놀이 등을 했다. 그것이 우리 어린 시절의 놀이였고, 그것은 결코 혼자 할 수 없는 일들이었다.

그렇게 한참을 놀다보면 집에서 아이들을 부르는 엄마들의 목소리가 들려온다.

"수종아 저녁 먹어라."

"숙제는 하고 노는 거냐?"

"해 떨어지니 이제 저녁 먹고 숙제하고 잘 준비해라."

땅거미가 드리워지는 저물녘이 되면 하나 둘 엄마들로부터 집으로 소환된다. 순순히 집으로 들어가는 아이들도 있었지만, 더 놀고 싶은 마음에 버틸 만큼 버티다 참다못해 출동한 엄마에게 울상이 된 채 끌려가는 녀석들을 보는 것은 일반적인 현상이었다. 해거름에도 공터에는 여전히 한두 명의 아이들이 남아 있었다. 그들은 아직까지 부모님이 퇴근하지 않은 상태였고, 슬슬 배는 고파오지만 집에는 들어가도 할 게 없어, 노는 게 더 좋아 남아 있던 것이다. 그렇게 동그마니 앉아 무엇을 할까 고민하는 사이 집집마다 저녁 밥 짓는 냄새가 식욕을 자극하곤 했을 것이다.

이 시절을 생각하면 어느 새 '섬 집 아기'라는 노래가 떠오르고 나도 모르게 흥얼거린다. 이 노래를 부를 때마다 외로움이 밀려오기도 하고, 그럴 때는 왠지 모를 슬픔에 울컥해지기도 한다. 언제 오실지 모를 엄마들을 기다리는 어린 아이들의 마음을 노래하고 있기 때문일 것이다.

엄마가 섬 그늘에 굴 따러 가면
아기가 혼자 남아 집을 보다가
바다가 불러 주는 자장노래에

팔 베고 스르르르 잠이 듭니다.

세 살, 다섯 살 늦둥이를 키우고 있는 50대 아빠로 가끔 아이들을 재울 때는 지금도 이 노래가 나도 모르게 입에서 튀어나온다. 그러면 아내는 그 노래는 너무 슬프다고 다른 노래 불러주라고 채근한다.

이 노래 가사를 들여다보면, 먹고 살기 위해 젊은 엄마는 어린 아기를 홀로 집에 남겨두고 굴을 따러 바다로 향했다는 것이다. 물론 아기를 재워놓고 집을 나섰을 게다. 그런데 시간이 어느 정도 흐르자 아기가 잠에서 깨어나 엄마를 찾았을 것이다. 그런데도 엄마는 돌아오지 않았고, 그 때 아기는 바다가 불러 주는 자장가를 들으며 다시 잠이 든다는 내용이다. 참 슬프다.

아내의 채근질에 더 이상 그 노래를 부르지 않다가 언젠가 '김제동 톡투유'라는 방송에서 정재찬 교수가 이 노래가 2절이 있다는 이야기를 하는 것을 듣고는 반가운 나머지 그 부분을 그대로 적어두었더랬다.

아기는 잠을 곤히 자고 있지만
갈매기 울음소리 맘이 설레어
다 못 찬 굴 바구니 머리에 이고
엄마는 모랫길을 달려옵니다.

정재찬 교수는 2절 가사를 소개한 후 다음과 같이 말을 이어갔다.

"엄마는 아기를 버린 게 아니었습니다. 엄마는 워킹맘 이었어요. 그런데 이 노래에서 가장 빛나는 부분은 '다 못 찬 굴 바구니'예요. 이걸 꽉 채워 갖고 오면 집은 잘 살겠지만 애 교육이 망가지는 거고요. 텅 비어 갖고 오면 애는 좋아하겠지만 집안 거덜 내는 여자 아니겠어요? 그 절묘한 긴장과 갈등과 타협의 산물이 '다 못 찬 굴 바구니'에요. 대충 차자마자 엄마는 달려온 거예요. 어디를? 모랫길을. 엄마가 해병대야? 그걸 달려온 거예요. 그러니까 너무 욕심 부리지 말고 대충만 채우고 우리 살면 안 될까? 그래서 서로 모자란 것은 앞으로 채워가면서 살면 되지 않을까? 두 걸 다 채우려고 하니까 힘들어하는 게 아닐까?"

이 부분을 들으면서 마음 깊은 곳에서 슬픔이 물러가고 '다행이다'라는 안도감이 밀려 올라옴을 느꼈다. 엄마는 굴을 캐면서도 집에 홀로 남겨진 아기를 한순간도 잊은 적이 없었던 것이다. 그래서 아기는 혼자서도 바다가 들려주는 자장가를 들으며 다시 잠을 잘 수 있었던 것이다. 이처럼 행복이란 광주리를 가득 채우는 것에서 오는 것이 아니라 사랑하는 사람과 함께 하는 데서 오는 것이지 않을까. 다 채우지 못한 광주리는 함께 채워갈 때 행복이 밀려온다.

"엄마 걱정"

섬 집 아기 노래를 부르다 보면 자연스레 기형도 시인의 "엄마 걱정"이란 시가 떠오른다. 기형도 시인의 유고 시집 『입속의 검은 잎』의 맨 마지막 시가 "엄마 걱정"이다.

열무 삼십 단을 이고
시장에 간 우리 엄마
안 오시네, 해는 시든 지 오래
나는 찬밥처럼 방에 담겨
아무리 천천히 숙제를 해도
엄마 안 오시네, 배추잎 같은 발소리 타박타박
안 들리네, 어둡고 무서워
금간 창틈으로 고요히 빗소리
빈방에 혼자 엎드려 훌쩍거리던

아주 먼 옛날
지금도 내 눈시울을 뜨겁게 하는
그 시절, 내 유년의 윗목

기형도 시인은 1960년도에 태어나 1989년, 극장에서 영화를 보던 중 심장마비로 세상을 떠났다. 그의 어린 시절 엄마들은 자식들 먹여 살리기 위해 공장으로, 시장으로 돈 벌러 나가야만 했다. 기형도 시인의 엄마도 열무 삼십 단을 이고 시장으로 나갔고, 해가 저물어도 집에 돌아오지 않는 엄마를 기다리며 '찬밥'처럼 어두운 방, 차가운 '윗목'에 '나'만 홀로 남겨져 있어야 했다. 열무처럼 해도 시들고, '나'도 시들어 간다. 빗소리가 훌쩍거리는 '나'의 울음소리에 맞춰 훌쩍거린다. 세월이 흘렀어도 '나'의 기억 속에는 그 유년 시절의 외로움이 '지금도' 생생하게 남아 숨 쉬고 있다.

사람이건 동물이건 외로움은 감당하기 어렵고, 지우기 불가능한 아픔으로 자리 잡나 보다. 특히 어린 시절의 그러한 경험은 평생 가슴 한구석에 새겨지고, 자아를 형성하는데 작지 않은 영향을 끼치는 것 같다.

소아정신과 전문의 노경선의 『아이를 잘 키운다는 것』이란 책에 나온 의미심장한 예화 하나를 소개한다.

허무감과 공허한 느낌 때문에 힘들어하던 60대 남자가 있었습니다. 멀리 미국으로 이민 간 그는 침실이 1칸뿐인 집에서 아이들과 살 때, 침실이 2칸짜리인 집으로 이사하면 행복할 거라고 생각했습니다. 그래서 물불을 가리지 않고 열심히 일만 했지요. 그런데 막상 침실 2칸짜리 집을 사고 나니 침실이 3칸 있는 집을 사야 보다 행복해질 것 같았습니다. 그는 더욱 열심히 일해서 침실 3칸짜리 집을 거쳐, 마침내 침실이 4칸이나 되는 크고 좋은 집을 샀습니다. 그때 그분의 나이는 이미 환갑을 앞두고 있었지요.

　　그러나 평생을 일에만 매달려 살아온 탓에 주변에는 마음을 나눌 친구 하나 없고 아내와 아이들도 멀게만 느껴졌습니다. 그분은 그렇게 원하던 좋은 집을 가졌는데도 조금도 행복하다고 느끼지 못했습니다. 침실 4칸과 자신의 젊음을 맞바꾸었다고 생각하니 오히려 허탈해졌다고 합니다.

　　인간에게 탐욕이란 무한정 확장되는 동시에 모든 것을 빨아들이는 블랙홀과 같습니다. 많은 것을 채울수록 욕망은 더욱 커집니다. 마음을 채우는 것이 중요한 것이 아니라, 마음을 비우고, 주변 사람을 돌아보는 것이 더욱 중요합니다. 사랑하는 이에게, '그대가 곁에 있어 줘서 고맙다'고 문자 한 통 보내본다면, 따뜻한 봄날, 더욱 따뜻해지지 않을까요?

　　노경선은 아이들의 행복을 '마음 편하고 성격 좋은 사람'이 되는데서 온다고 말한다. "빌 게이츠처럼 큰 명성과 부를 얻지 못하더라도 자기가 하는 일에 만족하고 가족, 친구들과 잘 어울려 산다면 그건 행복한 인생입니다. 많이 벌지 못해도 남에게 신세지지 않고, 가족과 친구와 이웃들과 잘 지내고, 아이들과도 다툼 없이 즐겁게 지낸다면 그 사람은 행복하다고 말할 수 있지 않을까요?"라고 말이다.

　　그런데 이런 '마음 편하고 성격 좋은 사람'이 되는 것은 저절로 되는 것이 아니다. 유년기의 부모의 부재 경험은 성인이 되어서도 영향을 미친다고 말했다. 그리고 그런 외로움에 길들여지면 성인이 되어 사랑하는 사람을 만나 함께 지내면서도 섬처럼 고립되어 살아갈 수

있다. 따라서 우리 부모 세대와 달리 풍족한 시대를 살아가는 젊은
세대는 먹고 사는 일에 전적으로 매달리지 말았으면 한다. 노경선 씨
는 좋은 성격도 길러주고 공부도 잘하게 하는 유일한 방법은 자녀가
엄마와 공부하는 게 재미있다는 생각을 아이에게 심어주는 것이라고
말한다. 물론 엄마뿐이겠는가? 엄마와 아빠가 어린 자녀들과 함께 저
녁 시간을 보낸다면 그보다 좋은 일이 어디 있을까?

그런 의미에서 행복은 소유에서 오는 것이 아니라 관계에서 오는
것이다. 주변 사람과 좋은 관계를 맺고, 마음의 고민을 나누고, 커피
한 잔 마시며 수다를 떨 수 있다면 당신은 이 세상에서 성공한 사람
이요, 행복한 사람이다.

콜로

cŏlo

'워라밸', '저녁이 있는 삶',
막연히 먼 데만 바라보며 꿈을 꾸고 있진 않는가?

나부터, 나답게 할 수 있는 실제적인 것을
같이 시작해 보면 어떨까.

의미, 내가 만들어가는 것

흥미로운 뉴스를 보았다. 〈한국 2030 절반이 '무민 세대'인 이유〉라는 제목의 기사였다. '무민'은 '없다'는 뜻의 '무(無)'와 '의미하다'는 뜻의 'mean'을 합친 말로, 맥락도 의미도 없는 것을 추구한다는 신조어다. 한 구인·구직 업체에서 실시한 설문 조사(성인남녀 1,189명 대상)에 따르면, 본인이 무민 세대라고 생각하는 20대와 30대는 각각 47.9%, 44.8%였다. '취업, 직장생활 등 치열한 삶에 지쳐서'(60.5%, 복수 응답)가 가장 큰 이유였고, '노력해도 목표를 이룰 수 없을 것 같아서'(34.1%)라는 대답도 뒤따랐다.

답답한 상황에서 이들은 어린이들이 갖고 노는 장난감을 찾는다. 대표적인 것이 슬라임이다. 슬라임은 끈적끈적한 물질을 가리키는 말로, 사람들은 손으로 슬라임을 주물럭거리며 무언가를 만들며 논다. 최근에는 슬라임 카페도 유행이다. 직장인들은 거기서 오랫동안 슬라임을 갖고 논다. 가족끼리 찾는 경우도 많다.

ASMR(자율감각 쾌락반응, Autonomous Sensory Meridian Response의 약자)을 찾는 이도 많다. ASMR은 초기엔 자연적인 비 소리나 숲속에서 나는 소리, 카페 소음 등을 녹음하여 들려주었다. 최근 들어서는 속삭이는 소리, 바스락거리는 소리, 고기 굽는 소리, 먹는 소리, 입술이나 혀로 내는 소리 등 범주가 넓어지고 있다. 소설을 조용하게 읽어주는 ASMR도 있다.

슬라임, ASMR을 그토록 찾는 이유는 무엇일까? 사람들은 그것들을 통해 스트레스가 해소된다고 말한다. 어릴 적 하던 찰흙놀이 같은 손장난을 하고, 의미 없는 소리를 듣는 것. 그것이 위로가 될 정도로 팍팍한 삶에 우리는 지쳐있는 건 아닐까.

나도 종일 손님과 일에 치어 집에 들어오면, TV홀릭이 될 때가 있다. 좋아하는 야구팀의 경기를 몇 번이고 하이라이트로 보고, 예능 프로그램을 보며 실실 웃기도 한다. 시간 낭비이고, 무의미하다는 것을 알지만, 그렇게라도 해야 스트레스가 풀리기에 TV를 본다. 직장인들도 그렇지 않을까. 상사와 업무에 지치고, 각종 스트레스에 눌려있는 그들. 뭐라도 해야 살 수 있을 것이다. 슬라임을 하고, ASMR을 보고 듣는 이유이다. 진정한 내 시간을 보낼 수 있으니까.

반복되는 일이 단조로울 때가 있다. 무엇보다도 내가 힘들었던 건 진상 손님도, 바쁜 업무도 아니었다. 하는 일이 무의미하고 보람이 없다는 생각 때문이었다. 매일 문구점 문을 열었지만 어쩔 수 없이 열었던 적이 숱했다.

출근할 때, 우리는 어떤 마음을 갖는가. 정말로 보람차고 기대함으로 나가는가. 아니면 월요병의 연속으로 끙끙 앓으며 출근하는가. 업무는 쳇바퀴 도는 것처럼 똑같고, 내 생각과 기획으로 일이 진행되면 좋겠는데, 상사는 언제나 퇴짜를 놓는다. 여성의 경우는 어떠한가. 비슷한 성과에도 다른 남자 동기에 비해 승진이 늦다. 육아 휴직은 대부분 여성의 몫이고, 휴직 이후 본래의 자리로 돌아가기는 쉽지 않다. 이런 불합리한 환경에서 의미를 찾는다는 건 사치인 걸까.

실패했다 하더라도

한 사람을 소개한다. 소설 속 인물이지만 만날 필요가 있다. 『스토너』의 주인공 스토너. 농부의 아들 윌리엄 스토너는 열아홉 살에 농업을 배우기 위해 대학에 진학한다. 스스로의 의지와는 상관없이 선택했던 길이다. 영문학개론 수업에서 그는 셰익스피어의 소네트를 접하고, 문학을 사랑하게 된다. 스토너는 고향에 돌아가는 대신, 대학에 남아 영문학도의 길을 선택한다. 이어 사랑하는 여인과 결혼해 가정을 이루고, 교수가 된다. 그는 학교의 정치나 출세보다는 학문의 성취에 열중한다. 여기에서 끝났다면, 해피엔딩일 것이다.

어찌된 일인지 대학에서도 집에서도 그의 위치는 불안하기만 하다. 결혼생활 내내 행복하지 못했고, 사랑하는 딸의 성장 과정을 멀리서 지켜봐야 했다. 학과장이 일방적으로 강의를 배정하지만, 그는 불평 없이 수용한다. 세계대전과 대공황 속에서 스토너는 마지막까지 자기 자신으로 살고자 한다. 불행이 뒤따르고 사랑에 실패하고, 갑작스러운 병마에 시달리면서도...

"그렇게 걱정할 필요 없습니다. 살다보면 그런 일도 있는 법이죠. 세월이 흐르면 다 잘 풀릴 겁니다. 별로 중요한 일이 아니에요."

이 말을 하고 나자 갑자기 그것이 정말로 중요하지 않은 일이 되었다. 순간적으로 자기 말에 담긴 진실을 느낀 그는 몇 달 만에 처음으로 자신을 무겁게 짓누르던 절망이 사라지는 것을 느꼈다. - 존 윌리엄스, 『스토너』

삶에 의미가 없다고 말하는 사람이 많다. 남들은 잘 되는 것 같고, 남들은 나보다 많은 기회를 받는 것 같고, 남들은 내겐 없는 운조차 따르는 것 같다. 그럴 때 우리는 어떻게 행동하는가. 그저 남들과 비교하며, 왜 이리 삶이 재미가 없느냐며 투정하지는 않는가.

가족과 동료로부터 고립되어 한평생 쓸쓸했던 스토너. 그의 삶은 세상 기준으로 보면 실패와 다름없다. 부조리하고 불합리한 삶에서도 그는 하루하루 최선을 다해 살았고, 주어진 삶을 겸허히 살아갔다. 자신을 조롱했던 사람들 보라는 듯... 비록 소설 속의 인물이지만 그의 삶을 통해 위로와 격려를 받는 이유이다.

나의 의지에 달려있다

츠타야 서점은 도쿄 젊은이들이 가장 선호하는 문화 공간 중 하나다. 1층은 서점, 2층은 DVD와 CD를 판매하거나 빌려 주는 공간이다. 디자인·아트·문화·와인·음식 분야의 서적이 있으며, 쉽게 구할 수 없는 수입 서적이 많다. 서점 곳곳에는 인테리어 가게에 어울리는 예쁜 의자가 있어 편안하게 책을 볼 수 있다.

그런 츠타야를 만든 CCC(Culture Convenience Club) 그룹의 마스다 무네아키 사장은 34년 전, 35평 규모의 작은 대여점을 시작했다. 그때부터 현재의 성공가도에 오를 때까지 그는 새로운 매장을 만들 때마다 고객의 기분으로 현장을 수없이 살폈다. 그는 한 책에서 이렇게 말한다.

인생을 낙관적으로 살 것인가, 비관적으로 살 것인가.

그것은 자신의 의지에 달렸으며,

그런 삶의 방식을 가져야만 한다고 생각했다.

– 마스다 무네아키, 『취향을 설계하는 곳, 츠타야』

어떤 삶을 살 것인가. 그것은 온전히 자신의 의지에 달려있다. 아무리 재미가 없고, 보람이 없고, 의미가 없는 인생이라도 자신의 의지에 따라 달라질 수 있는 것이다. 내가 하는 일이 보람이 없다고 했다. 다행히 조금씩 바뀌고 있다. 아이가 내년이면 초등학교에 들어간다. 아이는 한 달 전부터 태권도를 배우고 있다. 아직 발차기도 제대로 하지 못하지만, 아이는 너무 즐거워한다. '왜 진작 보내지 않았을까'라는 생각이 절로 든다. 커 가는 아이를 보면, 내 인생이 가족과 아이를 위한 인생으로 바뀌어가는 듯하다. 나의 바람과 소망은 제쳐두고, 아이가 원하는 것을 주기 위해 애쓰고 있다. 나의 땀과 노력으로 아이가 즐거운 삶을 사는 것. 그것이 다른 어떤 의미보다 크고 중요하게 여겨지는 요즘이다.

어쩌면 우리는 모두 '스토너'이다. 다른 사람이 자신을 알아주지 않고, 삶의 수많은 싸움에서 패배만 하는 것 같은... 스토너는 평범한 사람의 인생도 특별할 수 있고, 숭고한 의미가 담겨 있다는 통찰을 전한다. 삶의 의미. 누군가가 만들어주지 않는다. 하루하루 주어진 길을 성실히 걸어갈 때. 다른 사람과 비교하지 않고 나의 삶을 오롯이 살아갈 때. 그때서야 비로소 나만의 삶은 빚어지고, 의미는 새겨지지 않을까.

책임, 나의 인생을 경영하기

"문구점을?" 내가 문구점을 한다고 말하면, 지인들은 깜짝 놀란다. 활달하지 않고 다른 사람하고 잘 어울리는 성격이 아니었던 나. 많은 사람을 대하는 자영업자와는 거리가 멀다고 생각했었나 보다. 그럼에도 4년 넘게 하고 있는 걸 보면, 스스로도 놀랍다. 나는 출판사에 들어가서 책을 만드는 꿈이 있었다. 잘 다니던 직장을 그만두고 퇴사했다. 갈 곳이 정해지지 않은 상황에서 퇴사한 것 자체가 무리수였다. 몇 군데에 낙방하고 취직 준비를 하던 중, 어머니와 동생으로부터 연락이 왔다. 문구점 한번 해 보지 않겠느냐고. 이상하게도 마음이 끌렸다. 부리나케 가게 계약을 했고 무작정 시작했다.

안 해 본 일이어서 많이 서툴렀다. 그래도 꾸역꾸역 해 나갔다. 1년이 지날 때쯤, 이런 생각이 들었다. "괜히 시작했어. 그때 어머니 말을 듣지 말고, 내가 하고 싶은 일을 했어야 됐는데." 돌이켜보면, 철부지 같은 생각이 아닐 수 없다. 나는 나의 선택을 후회했다. 자연히 매사에 불평이 많았고 불행할 수밖에 없었다. 나는 내 삶에 당당하지 못했다. 다른 말로 하자면, 나는 내 삶을 책임지지 않았다.

어떤 선택을 할 것인가

내게 큰 성찰을 주었던 책이 있다. 『봉고차 월든』. 켄 일구나스는 뉴욕 주립대를 졸업했다. 그에게 남은 것이라고는 인문학 학사학위와 3만 2,000달러의 학자금 대출 뿐. 아무런 전문기술이 없었던 그는 수십 번의 실패 끝에 알래스카로 떠난다. 거기서 쓰레기 청소부, 보조 조리사, 모텔 청소부 등 시간당 최저임금 노동자로 살아간다. 치열하게 돈을 벌며 그는 총수입의 82%를 저축했고, 결국 3년의 노력 끝에 빚에서 해방된다.

그에겐 새로운 인생 목표가 생겼다. 대학원에 가는 것과 절대로 빚을 지지 않는 것. 그는 곧바로 중고 봉고차를 구입해 기숙사 방으로 만들어 생활했다. 전기는 학교 도서관에서 사용했고, 캠핑용 버너로 끼니를 해결했다. 허기에 시달리고 병에 걸리는 어려움도 겪었지만, 몸은 더 건강해졌고 많은 돈을 아낄 수 있었다. 2년 반 동안 그는 봉고차에서 살아남았고, 통장 잔액 1,156달러를 갖고 졸업식장에 섰다.

켄의 이야기를 들어보니, 우리니라 청춘의 모습이 떠올랐다. 대학 졸업과 동시에 많은 빚을 갖고 출발해야 하는 사회. 취직도 쉽지 않다. 가까스로 취직해도 대출금 갚고 카드 값 메워야 하고... 적은 월급으로 살기엔 빠듯할 뿐. 20~30대 가구주가 서울에서 아파트 한 채를 마련하려면 돈 한 푼 안 쓰고 15년 이상 모아야 한다는 뉴스가 들린다. 아니 더 모아야 할지 모른다. 청년들의 한숨은 깊어져만 간다.

지금 당신은 정말로 하고 싶었던 일을 하는가. 상당히 행복한 축에 속한 것이다. 자신의 적성과 재능에 맞는 곳에 다니는 것보다, 어쩔 수 없이 다니는 경우가 얼마나 많은가. 그 속에서 우리는 어떤 모습인가. 매일 불평하고, 짜증만 내진 않는가? 더 많은 연봉과 좋은 회사 환경을 막연히 꿈꾸면서...

어려운 환경에서 켄은 다른 사람에게 힘든 상황을 떠넘기지 않았다. 자신의 빚에 대해서도 부모님이나 사회에 원망을 품지 않았다. 그저 최선을 다해 빚을 갚아 나갔다. 열악한 근무환경에서 돈도 별로 벌지 못했다. 그럼에도 그는 만족했고, 적응했다.

미시시피에서 몇 달을 보내면서 일을 사랑할 수 있다는 사실을 알게 되었다. 심지어 급료도 형편없었지만 일이 좋았다. 등이 뻐근하고, 근무 시간은 길었으며, 팀원들을 챙겨야 하는 책임까지 졌지만 일을 사랑했다. 미시시피에서 처음으로 흠잡을 데 없이 유익한 일을 했다. 나는 어린 친구들을 도왔으며 주변 환경을 깨끗하게 했다. 일 자체가 의미 있고, 일하는 사람이 무언가 유용한 서비스를 제공하거나 쓸모 있는 물건을 만들어낼 때, 일이 더 이상 '노동'이 아니라 하루를 충만하게 채워주는 요소라는 사실을 그곳에서 배웠다. - 켄 일구나스, 『봉고차 월든』

힘든 상황에서도 켄은 일을 사랑했다. 매일 반복되는 똑같은 일, 자

신의 적성과 맞지 않는 일, 내 일도 아닌데 내가 해야 하는 일, 끊임 없는 야간 업무... 이런 상황에서 우리는 선택해야 한다. 일을 사랑할 것인가. 아니면 그냥 억지로 할 것인가. 선택에 따라 행복의 질은 달라질 것이다.

모두 내 책임이라고?

이번엔 다른 상황이 있다. 부조리하고, 불합리한 상황을 겪게 될 때이다. 흥미로운 책이 있다. 제목부터 노골적인 『나쁜 상사 처방전』. 책에는 각종 상사의 유형이 담겨 있다. 자기 이익만 추구하는 상사, 상대의 시간과 비용을 고려하지 않는 상사, 자기자랑과 설교를 일삼는 상사, 범죄와 다름없는 일을 맡기는 상사, 폭언이나 폭력을 휘두르는 상사... 당신은 이런 상사가 있는가. 일만 하기에도 벅찬데, 이런 사람을 만난다면 직장 생활은 더욱 괴로울 것이다. 억울할 수도 있다. 적성에 맞고, 연봉도 괜찮은데, 같이 일하는 '사람'이 불편하다니... 한 책에서는 이렇게 말한다.

여기에 단순한 깨달음이 있다. 명심하라, 외부 환경이 어떠하던지 간에 내 삶에서 일어나는 일은 모두 내 **책임**이다. 우리한테 일어나는 일을 우리가 전부 통제할 수는 없다. 하지만 그 사건을 어떻게 해석하느냐, 그리고 거기에 어떻게 대응하느냐는 언제나 우리 마음에 달려 있다. - 마크 맨슨, 『신경 끄기의 기술』

어쩌면 책의 내용에 공감하지 않을 수도 있다. 모든 게 내 책임이라니... 내 적성에 맞지 않는 일을 하는 것이, 나와 전혀 맞지 않는 상사를 만난 것이, 매몰차게 소개팅에서 차인 것이, 갑자기 자동차 타이어가 터진 것이, 전기세가 폭등한 것이... 모든 것이 내 책임이란 말인가.

다시 내 이야기를 하겠다. 지금은 문구점을 운영하는 것이 괜찮아졌다. 보람을 못 느낄 때도 많고, 이상한 손님 때문에 기분이 상할 때도 있지만, 예전보다는 불평하지 않는다. 아직도 다른 일을 하고 싶긴 하지만, "세상 모든 일은 다 힘들다."는 고금의 진리를 곱씹어본다. "이 일을 못하면 다른 일도 못한다."라고 주문을 걸기도 한다. 조금씩 내 인생에 책임을 지고 있는 것 같다.

인생의 진정한 의미와 성취감은 자신만의 투쟁을 선택해 감내함으로써 얻어야 한다. 당신에게 고통을 주는 것이 불안이나 외로움 또는 강박장애건, 아니면 매일 당신이 깨어 있는 시간의 절반을 엉망으로 만드는 상사건 간에, 해법은 그런 부정적 경험을 받아들여 적극적으로 대처하는 것이다. 피하거나 구원을 바라서는 안 된다. - 마크 맨슨, 『신경 끄기의 기술』

상사가 마음에 들지 않아 옮겼는데, 그곳에 더 불합리한 상사가 있다면... 아니면 살인적인 업무가 있다면... 모든 것을 다 만족할 수는 없다. 다른 말로 하면 완벽한 직장은 없다. 군대에서 많이 쓰는 말이 있다. "피할 수 없으면 즐겨라." 2년의 시간을 나와 성향이 다른 사람들과 지내야 하고, 고된 훈련을 받아야 한다. 분명히 쉽지 않다. 그렇다고 군대를 도중에 나올 수 없고, 원하는 부대를 선택할 수도 없다. 일단 버텨야 하고 즐겨야 한다. 다른 말로 하자면, 군 생활에 책임을 지라는 것이다. 이렇게 하루하루 지내다 보면, 먼 훗날에만 올 것 같은 전역이라는 선물이 주어진다. 그래서인지 군필자의 대부분은 "군 생활이 힘들었지만, 그 시간을 통해 많이 배우고 성장할 수 있었다."고 말한다.

내가 어디에 있든지 그곳에서 책임져야 한다. 내가 자영업자로 살고 있는 지금, 알바생이나 종업원의 마음과는 당연히 다르다. 난 내 가게의 월세를 책임져야 한다. 난 내 가게의 매출을 책임져야 한다. 난 내 가게의 모든 것을 책임져야 한다. 우리는 우리 인생의 자영업자이다. 누가 책임져 줄 수 없다. 내가 책임져야 하고 경영해야 한다.

내 인생. 남이 선택하지 않고, 내가 선택하고 가꿔 나가기에 중요하다. 때로는 길가의 돌멩이 같은 장애물이 있지만, 그것까지도 인생의 일부로 생각하고 걸어야 한다. 혹시 아는가. 나를 넘어뜨렸던 돌멩이가 세상에서 처음 보는 보석은 아닐지... 나의 인생, 나만이 책임질 수 있다.

도전, 꿈을 찾기

얼마 전, 광화문광장에서 흥미로운 행사가 있었다. 2018 실패박람회가 열린 것이다. 실패라니... 처음엔 잘못 본 줄 알았다. 국민의 다양한 실패 사례를 공유하고 공감하는 장을 마련하여 실패에 대한 인식을 바꾸는 것이 박람회의 취지였다. 취업난으로 힘들어하는 청년이나 중소 영세상공업자가 다시 힘을 얻고 격려 받는 시간이 되었다고 한다. 참 뭉클했다. 성공만을 이야기하는 시대에 실패를 말하다니... 이번 박람회의 모토는 '실패를 넘어 도전으로'였다. 한 영화가 생각났다. 〈월터의 상상은 현실이 된다〉.

미국의 소시민 월터 미티의 이야기이다. 그는 잡지의 포토 에디터로 일하고 있다. 그런데 문제가 생긴다. 그와 팀원들에게 정리해고의 광풍이 불기 시작한 것이다. 마지막 폐간호를 앞두고 있는 상황. 표지 사진을 작업하는 월터에게 전설의 사진작가가 표지 사진을 보낸다. 사진작가가 'Quintessence of LIFE'(삶의 정수)라는 최고의 칭찬을 붙인 사진이었다. 그런데, 그 사진이 사라진 것이다.

당장 사진을 찾아오지 못할 경우, 월터는 직장에서 쫓겨날 위기에 처하게 된다. 그는 사진작가를 찾아 떠난다. 티끌 같은 실마리를 찾아 월터는 그린란드로, 아이슬란드로, 아프가니스탄으로, 히말라야 산맥으로 떠난다. 모험은 결코 쉽지 않았다. 망망대해에 빠지기도, 상어를 만나기도 했다. 화산 폭발을 등지고 가까스로 도망쳐야만 했다.

갖가지 모험을 통해서 조금씩 월터는 성장해 간다. 비어있던 월터의 SNS 자기소개란은 각종 경험으로 채워진다. 하늘은 스스로 돕는 자를 돕는다고 했나. 그토록 찾던 사진작가를 만난다. 그것도 히말라야 산 중턱에서. 결국 표지사진을 찾고, 가까스로 편집부로 넘긴다. 표지사진은 최고의 사진이었다.

약육강식이 질서인 경쟁사회에서, 실패는 곧 낙오로 이어지는 신자유주의에서 '도전'은 어떤 의미일까. 도전은 왠지 나와는 거리가 먼 단어처럼 여겨진다. 도전은 TV 프로그램에서 긴박한 음악과 함께 사용될 뿐이다. 어느 새 우리는 도전보다는 '지킴'을 고수하는 삶을 산다. 하루하루 치열히 살다가 잠자리에 들 때, "오늘 하루도 별일 없었네."하고 자면 끝. 물론 그런 삶이 나쁘다는 건 아니다. 각박한 세상에서 큰 탈 없이 사는 것. 그것만큼 다행인 게 어디 있나.

그렇지만, 누구나 마음속 깊이 간직한 꿈이 있지 않을까. 영화 속의 절경을 보고, 꼭 가 봐야겠다는 버킷리스트를 세웠을 수도 있다. 꼭 만나고 싶은 인생의 멘토가 있을 수도 있다. 바쁜 일상에서 벗어나 외국의 소도시에서 한 달 간 살아보고 싶을지도 모른다. 그런 꿈을 꾹꾹 눌러버리진 않았는가. '나중에 여유 있으면 하지. 훗날 경제적으로 괜찮아지면 하지...' 하면서 말이다.

하지만 우리의 인생에서 충분히 여유롭고, 경제적으로 풍족한 적이 있었는가. 선뜻 답을 못 할 것이다. 불행한 말이지만 앞으로도 찾기 힘들 것이다. 나중에 숨을 거둘 때, 얼마나 안타까울까. 내가 이루지 못한 꿈 때문에...

돈키호테가 그리운 이유

도전을 생각할 때, 제일 먼저 떠오르는 사람이 있다. 돈키호테. 소설 속 인물이지만, 현실에 살아 움직이는 것만 같은 인물이다. 17세기 한 신사가 스페인의 라만차 마을에 살고 있었다. 그는 한창 유행하던 기사 이야기를 탐독한 나머지 정신 이상을 일으켜 스스로 '돈키호테'라고 이름 붙인다. 이후, 돈키호테와 시종 산초 판사는 여러 가지 황당한 사건을 일으킨다.

사랑하는 말 로시난테를 타고 길을 가던 그는 풍차를 거인이라 생각하여 습격해 들어간다. 그 결과 풍차의 날개에 부딪혀 나동그라진다. 그의 기행은 멈추지 않는다. 초원의 양떼를 적군의 행렬로 착각해 양들을 공격하다 목동에게 누들겨 맞는다. 이발사의 면도용 대야를 빼앗고는 그게 진귀한 황금투구라며 머리에 쓰며 기쁨을 감추지 못한다. 하루가 멀다 하고 일으키는 돈키호테의 소동으로 산초 판사는 물론 로시난테, 산초의 당나귀도 함께 고초를 당한다.

보다 못한 그의 친구 카라스코는 기사로 변장하여 돈키호테에게 도

전한다. 그는 돈키호테를 굴복시켜 앞으로 1년 동안 무기를 쥐지 않겠다는 약속을 받는다. 우울해진 돈키호테는 병석에 눕지만 결국에는 이성을 되찾는다. 그는 모든 사람에게 용서를 빌고, 친구들에게 재산을 골고루 분배해 준 뒤 숨을 거둔다.

어쩌면 이성적이고 합리적인 사회와 돈키호테는 물과 기름처럼 어울리지 않아 보인다. 세상은 그를 무시하고, 그 역시 세상에 대해 냉소를 보낸다. 그렇지만 숨을 거둘 때 돈키호테의 마음은 어떠했을까, 누구보다도 행복하지 않았을까. 자신이 하고 싶었던 것을 다 했으니까. 자신의 존재와 기이한 행적으로 다른 사람에게 기쁨을 주었으니까... 소설가 서영은. 그는 돈키호테의 여정 1,400Km를 직접 걸었다. 그리고 여정의 묵상을 고스란히 담은 책에서 이렇게 말한다.

이 세상에서 불의를 없애고 정의를 바로 세우겠다는 의지가 그로 하여금 기사보다 더 기사도 정신에 투철한 '기사'로 만들었던 거지요. - 서영은, 『돈키호테, 부딪혔다, 날았다』

그는 기사는 아니었지만, 더욱 기사 같은 삶을 살았다. 더군다나 그는 당시에 횡행했던 타락한 기사가 아니었다. 오히려 정의로운 기사로서의 확실한 정체성을 드러냈다. 진짜 기사다운 기사였기에 그의 어처구니없는 행동은 비로소 이해된다.

돈키호테가 걸었던 황무지 '라만차'만큼이나 황폐하고 메마른 삶을 우리는 걷고 있다. 그렇기에 어린아이처럼 영웅 행세를 했던 돈키호

테를 아직도 전 세계 많은 독자들이 사랑하는지 모른다. '돈키호테처
럼 나도 살아볼까?'하며 동경하는 것이다. 그는 실로 도전과 모험의
대명사가 되었다.

사소한 것이라도

　혹여나 도전을 너무 크게만 생각하진 않았으면 좋겠다. 멀쩡히 잘
다니던 회사를 퇴사하고 창업하거나, 운동을 하지도 않으면서 당장
철인3종 경기에 등록하는 것만이 도전의 전부는 아니다. 소소한 도
전도 충분한 의미가 있다는 말이다. 나는 최근에 한 잡지 편집부에
메일을 보냈다. 내가 썼던 글을 첨부하며, 연재할 수 있는지 물었다.
일주일 후에 답이 왔다. 결론부터 말하자면, 'No'. 덧붙여 왜 연재할
수 없는지, 글 연재를 위해서는 어떻게 해야 하는지 몇 가지 '팁'을
알려주었다. 아쉽기도 했지만, 앞으로 연재를 의뢰할 때는 어떻게 해
야 하는지 배웠다. 나의 글이 아직도 부족하다는 것도 깨달았다. 본
래의 목적에는 실패했지만, 실패가 아니었다. 무언가 새로 배울 수
있었으니까.

　고개를 돌려보면, 도전해 볼 수 있는 것이 많다. 30분 일찍 일어나
서 영어 공부하기, 의미 있는 곳에 후원하기, 엘리베이터 사용하지
않고 걸어 올라가기, 글쓰기 공모전에 응모하기, 부모님과 같이 여행
가기... 작은 도전이지만, 성공했을 때의 기쁨은 작지 않다. 시도했다
는 것부터 일단 기분이 좋아진다.

　영화의 월터 미티, 그리고 돈키호테. 이들은 도전과 모험을 했다.

세상이 비웃고, 때로는 목숨까지 잃을 뻔 했지만, 그들은 도전을 통해 나다운 나를 만날 수 있었다. 그것은 세상 어떤 것과도 바꿀 수 없는 보물이 되었다.

도전, 분명히 쉽지 않다. 내면의 목소리에 반대하는 세상의 충고와 조언에 맞서야 한다. 때로는 시간을 내야하고, 돈이 필요할 수도 있다. 그렇지만, 인생에 한 번쯤은 멋진 도전을 해 보자. 꼬깃꼬깃하게 접힌 인생의 버킷리스트를 한번 훑어보자. 혹여나 실패하거나 도중에 포기해도 괜찮다. 아예 시도조차 안 하는 것이 더 큰 실패 아닌가. 서영은 작가는 책에서 말한다. "모험은 우리의 운명"이라고. 자, 외쳐보자. 모험은 우리의 운명, 나의 운명이다!

취미, 나를 살리는 것

당신의 취미는 무엇인가. 자기소개서 취미 란에 단골로 등장하는 독서와 영화 감상밖에 안 떠오르는가. 즐겁게 몰입하는 것이 있냐는 말이다. '워라밸'이란 말이 있다. 'Work and Life Balance'의 줄임말로 '일과 삶의 균형'이라는 뜻이다. 좋은 직장 조건의 하나이며, 청년들이 구직할 때에 필수로 여기는 것이다. 워라밸을 찾던 사람도 입사해선 과중한 업무, 상사와의 갈등으로 균형 있는 삶을 살지 못하는 경우가 많다. 그렇게 몇 년 다니다가 다른 회사로 옮긴다. 그곳에서도 워라밸을 찾긴 힘들다.

인간을 표현하는 단어 중, '호모 루덴스'라는 말이 있다. '놀이하는 인간'이라는 뜻이다. 인간은 잘 놀아야 한다는 것이다. '키덜트(Kidult)'족을 들어 보았는가. 아이(kid)와 어른(adult)의 합성어로 어린이의 분위기와 감성을 추구하는 성인을 일컫는다. 이들은 레고, 피규어, 드론 등을 구입하며, 동호회를 통해 관련 정보를 모은다. 키덜

트 시장 규모는 2014년 5,000억 원에서 매년 20%씩 성장해 지금은 1조 원대를 넘어섰다고 한다. 왜 이들은 어린이가 갖고 놀만한 장난감에 열광하는가?

노는 것 하면 생각나는 사람이 있다. 문화심리학자 김정운. 그만큼 잘 노는 사람도 없을 것이다. 그는 여러 책을 써서 스타작가의 반열에 올랐지만, 반복되는 일상에 지쳐 간다. 결국 그는 정년이 보장된 교수직을 사임하고, 홀로 일본에 건너간다. 그곳에서 그가 한 것은 의외로 그림 그리기였다. 그는 아예 대학에 입학해 일본화를 공부했다. 한국에 와서도 자신만의 리듬을 찾기 위해 여수에서 생활한다. 서울에서 멀리 떨어진 곳에 살면서 하고 싶은 일을 맘껏 하는 것이다.

나는 어떤 취미가 있는가. 그것만 생각만 하면 기분이 좋아지고, 자다가도 벌떡 일어나게 만드는 취미 말이다. 있다면 다행이다. 없다면, 한번 곰곰이 생각해 보길 바란다. 내가 좋아하는 것은 무엇이고, 내겐 어떤 취미가 맞는지... 당장 시작할 수 있어야 한다. 가까운 곳에서 할 수 있으면 더 좋다. 하다가 마음에 들고, 적성에 맞으면 더 많은 시간과 돈을 투자하면 된다.

나이가 들수록 내 존재는 직장에서의 지위, 가족 안에서의 관계로 확인된다. 그러나 이러한 관계는 항상 변한다. 심지어는 가족 관계에서 주어지는 엄마, 아내로서의 존재마저 그 의미가 항상 상쾌하고 기쁜 것만은 아니다. 나를 둘러싼 모든 환경에 지쳐 있을 때 나를 구원해줄 수 있는 것은 바로 나만이 할 수 있는 사소한 재미뿐이다. 나이가 들수록 내 존재는 내가 즐기는 취미를 통해 확인된다. - 김정운, 『노는 만큼 성공한다』

나만의 취미 생활

신조어 중에 '문센족'이란 말이 있다. '문화센터족'의 줄임말로 퇴근 후 문화센터에 들러 자기 계발이나 취미 생활을 위한 강좌를 수강하는 2-30세대 직장인을 뜻한다. 지금까지 문화센터는 일정하게 시간을 낼 수 있는 주부를 대상으로 운영되었다. 그런데 근로시간이 줄어 일찍 퇴근하는 직장인이 늘어나면서 그들 대상의 강좌가 늘고 있다. 실제로 서울의 유명 백화점 문화센터 강좌의 경우 20~30대 수강자는 지난해보다 2배 넘게 증가했으며, 다른 백화점들 또한 퇴근 시간 이후 강좌를 30% 이상 늘리고 있는 추세다.

조금만 강좌의 내용을 주목해서 본다면 예전부터 자리 잡고 있던 꽃꽂이, 그림 그리기가 전부가 아님을 알게 될 것이다. 〈통가죽으로 공예 작품 만들기〉, 〈수제맥주 만들기〉, 〈스마트폰으로 사진 찍기〉, 〈굿바이 곰손 메이크업〉, 〈체형교정 필라테스〉, 〈유럽와인 시음〉, 〈베이직 드럼〉, 〈친환경 비누 만들기〉... 이외에도 비교적 저렴한 가격의 다양한 강좌가 있다.

수많은 강좌 중에 관심 있는 것을 선택해서 한번 등록해 보라. 내가 무엇을 좋아하는지 모르겠다면, '원데이 특강'을 이용하는 것은 어떨까! 원데이 특강은 미술이나 필라테스 등 선호도가 높은 취미 강의를 1회로 진행하는 것이다. 한 번 듣고 괜찮으면 강좌를 정식으로 신청하면 된다. 생각해 보면, 점점 우리는 무언가를 결정할 기회가 없어진다. 심지어는 회사의 점심 메뉴마저... 누군가가 대신 결정해 주길 바라고, 나의 목소리는 옅어진다. 다양한 취미 중에 자신에게 맞는 취미를 스스로 결정해 보는 것. 그것 자체가 도전이자 나를 새롭게 하는 원동력이 될 것이다.

주말에도 무언가 새로운 것을 취미삼아 할 수 있다. 우리의 주말 풍경은 어떤가. 늦잠자고, 배달음식으로 대충 점심 때우고, 저녁에 영화 보거나 간단한 나들이 정도가 아닐까. 놀더라도 계획을 세워 잘 놀아보는 것이다. 영화를 보더라도 멀티플렉스를 독점하는 영화 말고, 거의 상영되지 않는 예술영화나 독립영화를 보면 어떨까. 영화가 아니어도 좋다. 한 번쯤은 연극도 볼 수 있겠다. 반려동물에 관심 많다면 지역마다 있는 유기견 보호소를 방문해서 땀을 흘리는 것도 좋은 취미 생활이 될 것이다.

취미가 제 2의 직업으로

이렇게 취미를 즐기다 보면, 숨겨진 재능을 발견하기도 한다. 인터넷 방송인(BJ) 김인직. '감스트'라는 예명으로 유명한 그는 축구를 전문적으로 방송하고 있다. 특유의 활기차고 솔직한 반응으로 축구팬들은 그에게 차차 관심을 기울였다. 꾸준히 방송을 올리던 그는 지난 2016년 아프리카TV BJ 대상을 받았다. 거기에 그치지 않고 2018년 K리그 홍보대사, 2018 월드컵 MBC 축구 디지털 해설위원에도 위촉되었다. 요즘은 TV에도 자주 나온다. 축구를 사랑해서 취미로 방송을 올리던 그가 이젠 맛깔나게 축구를 해설하는 '프로'가 된 것이다.

또한, 작년 출판계에선 이 사람을 빼 놓을 수 없다. 김동식. 그는 『회색 인간』을 필두로 다섯 권의 단편 소설집을 냈다. 특이할 만한 것은 전문적인 문학 공부를 해 온 사람이 아니라는 것. 그는 서울 성수동의 작은 공장에서 일하는 노동자다. 재미로 인터넷 게시판에 글을 올렸는데, 사람들의 댓글이 달리기 시작했다. 그게 또 재미있어서 그는 계속 글을 올렸다. 1년 6개월간 모인 글이 300편이나 되었단다. 그의 소설은 인간의 심리를 꿰뚫는 통찰이 있다는 평을 받는다.

나 역시 취미의 특혜를 톡톡히 보고 있다. 1년에 150~200권의 책을 읽는다. 꾸준히 서평과 에세이를 써서 여러 매체에 올렸다. 4년 동안 써 온 글은 이 책이 나올 수 있는 밑거름이 되었다. 나는 자영업자 사장과 동시에 '작가'라는 새로운 직함을 얻게 된 것이다.

취미로 시작된 것이 제2의 직업으로 바뀐 경우는 이밖에도 많다. 이들은 바쁜 일상에서 자신이 좋아하는 일을 취미로 했다. 처음에는 대단한 것이 아니었다. 그저 힘든 일상을 탈출하는 통로였을 뿐. 꾸준한 취미 활동을 통해 실력이 쌓여, 취미는 인생의 새로운 문을 여는 열쇠가 된 것이다.

'스크래치북'이라는 아이들 노트가 있다. 아무것도 그려 있지 않은 검정색의 노트다. 거기에 작은 막대로 그림을 그리면, 빨강, 노랑, 파랑 등의 색이 나타난다. 검은 종이 아래 다양한 색깔의 종이가 겹쳐 있는 것이다. 아이들은 드러난 예쁜 색에 감탄하며, 그림을 그린다. 매일 반복된 삶에서 취미 생활을 하는 것. 그것은 어쩌면 심심하고 무미건조한 삶에서 천연색의 그림을 그려내는 것이다. 나만의 아름다운 그림을 그려보지 않겠는가. 어떤 것이라도 괜찮다. 조금 돈이 들어도 좋다. 힘이 들어도 좋다. 많은 사람이 하지 않는 것이어도 좋다. 나만의 취미를 갖고, 그것에 열중해 보자. 시들었던 내 인생, 다시 피어날 것이다.

Simple Life, 욕심버리기

재작년, 꿈에도 그리던 집을 장만했다. 1년 반이 지난 지금, 집 곳 곳엔 짐이 가득하다. 책장엔 책을 꼽을 수 없을 정도로 책이 쌓여 있 다. 옷장엔 쟁여놓은 옷이 수북하다. 아이 방에도 아이가 유치원에서 가져온 책과 교구가 넘쳐난다. 때마다 이사를 안 해도 되니 짐을 늘 리는 것에 부담이 없었나 보다.

주위를 둘러보자. 책상 위는 깔끔히 정리되어 있는가. 서랍에는 당 장 필요한 것만 있는가. 유통기한이 지난 음식이 냉장고에 있지 않은 가. 몇 년 동안 보지 않은 책이 책장에 쌓여 있진 않은가. 어느 샌가 우리는 너무 많은 물건을 소유하고 있다.

신기한 실험을 하나 소개하겠다. 〈한 달 동안 먹거리 사지 않기〉. 마트에 가지 않고, 냉장고와 찬장에 고이 잠든 식료품만으로 살아보 는 것이다. '당장 먹을 것도 없는데, 어떻게 살란 말인가? 쇼핑의 욕 구를 한 달 동안 어떻게 막으라는 건가?' 질문이 뒤따를지 모른다. 과감하게도 미국의 사회적 기업가 제프 시나바거는 도전했다. 실험 결과를 공개한다. 부엌을 뒤져 보니 냉동식품, 옥수수 머핀 등이 얼굴을 비췄다. 신기한 보물찾기가 매일 펼쳐진다. 버터가 떨어져도 문제없다. 올리브유로 대체하면 되니까. 그렇게 살다 보니 한 달이 훌쩍 지났다. 정확하게는 슈퍼마켓 한 번 가지 않고 7주 동안 147 끼니를 해결한 것이다.

실험의 대성공 이후에도 제프는 흥미로운 실험을 계속 해 간다. 〈옷장 속에 있는 옷을 매일 하나씩 입어 보기(이 기간엔 새 옷을 사지 않는다)〉, 〈자동차 대신 대중교통이나 자신의 다리를 사용하기〉, 〈남아 있는 기프트 카드 모으기〉. 요상한 그의 실험과 시도는 한 권의 책으로 묶여 또 다른 이의 도전을 기다린다. 제목부터 강렬한 『이너프(enough)-이 정도면 충분해』.

나는 필요 이상으로 많이 소유하고 있고, 그런 사람들이 많다고 믿는다. 내가 살면서 한 멋진 일들은 그 뿌리에 어떤 질문이 자리하고 있다. 내가 체험한 가장 창의적인 아이디어는 단순한 질문에서 비롯된 것이 많았다. 그래서 우리도 하나의 질문에서부터 이 여행을 시작하려고 한다. 어느 정도년 충분한가? - 제프 시나바거, 『이너프』

욕망은 끝이 없다

얼마 전, 창고형 대형마트에 갔다. 크리스마스 용품이 한 층의 절반을 채우고 있었다. 크리스마스 트리, 장난감, 전구, 장식품, 파티 용품…. 화려하고 다양한 상품을 보며, '올해 크리스마스엔 장식 좀 해야겠다'라는 생각이 절로 들었다. 그때는 10월 1일이었다.

재작년에 집을 장만했다고 했다. 몇 달은 그냥 기분이 좋았다. 못을 함부로 박아도 되고, 전세 계약 때마다 마음 졸이지 않아도 되니까. 슬슬 아이가 커가면서 '집이 더 컸으면…' 하는 생각이 든다. 결혼 후 TV를 사지 않았다. 있던 조그만 TV로 볼 것만 보았다. 하나 있어야 된다는 생각에 조금 큰 것을 샀다. 처음에는 마냥 좋았다. 영화 볼 때도 실감났다. 다른 집에 갔다. 더 큰 TV가 있는 게 아닌가. 큰 TV로 시청하면 하루의 모든 피로가 풀릴 것 같았다. 경차를 타다가 작년에 중고 승용차로 바꾸었다. 승차감도 좋았고, 사고가 나더라도 안전할 것 같았다. 이젠 SUV 가격을 알아본다. 지금 이 책을 쓰고 있는 4년 된 노트북. 아직 쓸 만하지만, '조그맣고 빠른 노트북이 있다면 더 글을 잘 쓸 텐데…' 라는 생각이 든다.

우리가 살아가는 시대는 '크기'로 가치를 매기는 것 같다. 집도, 자동차도, 가전용품도 '기능'만 있으면 됐는데, 지금은 '큰 크기와 좋은 기능'이 있어야 한다. 대표적인 것이 핸드폰이다. 전화만 걸 수 있었는데, 이제는 인터넷을 검색하고, 각종 업무를 보고, 게임도 할 수 있다. 우리는 24개월 할부로 스마트폰을 샀지만, 더 큰 용량과 높은 카메라 화소의 '최신'으로 갈아타기를 기다린다. 이쯤 되면, 나를 정의하기 위해 '내가 소유한 물건이나 집'을 내세우는지 모른다. 새로운 것을 바라는 욕망은 여간해선 사그라지지 않는다.

진정한 미니멀라이프

'미니멀 라이프'(Minimal Life). 일상에 필요한 최소한의 물건으로 살아가는 삶을 일컫는다. 이런 생활을 실천하는 사람을 미니멀리스트라 한다. 미니멀리스트가 점점 많아진다. 독하게(?) 실천하는 사람은 TV와 침대, 서재를 처분한다. 옷장에 옷이 거의 없다. 주방엔 1인용 식기만 있고, 당장 먹을 음식만 산다. 마치 이사한 후, 짐을 모두 빼놓은 집처럼. 이런 집에선 하루도 제대로 못 살 것 같다. 그렇지만 이들은 미니멀 라이프가 괜찮다고 말하고, 더 나아가 인생이 바뀌었다고 고백한다.

그런데 물건을 많이 버리고 나자 내 안의 가치관이 완전히 뒤바뀌었다. 자신에게 필요한 최소한의 물건만 소유하는 미니멀리스트, 즉 최소주의자의 삶은 단순히 방이 깨끗해져서 기분이 좋다든가, 청소하기 편하다는 표면적인 장점뿐만 아니라 훨씬 더 깊은 본질에 그 가치가 있다. 바로 내가 어떻게 살아갈지를 생각하는 것, 누구나 추구해 마지않는 행복을 되짚어보는 일이다. - 사사키 후미오, 『나는 단순하게 살기로 했다』

사사키는 물건을 버리고 삶을 단순화하면서, 이전에 미처 알지 못했던 행복을 느꼈다. 보통은 물건을 사면서 행복을 느끼는데, 버리면서 행복을 느낀 것이다. 또 다른 사람의 말을 들어보자. 어쩌면 더 독하다. 이나가키는 아사히신문 기자 시절, 동일본대지진 당시 발생한

후쿠시마 원자력발전소 사고를 지켜보면서 전기에 대해 의문이 생겼다. 결국 개인적 차원의 탈원전 생활을 시작했다.

우리가 정말로 두려워해야 할 것은 수입이 줄어드는 게 아니다. 우리는 우리 자신의 욕망 그 자체를 두려워해야 한다. 폭주하는, 더 이상 스스로 제어할 수 없게 된 막연한 욕망.

그 욕망에서 탈출하기 위해 필요한 것은 무엇보다 그 욕망의 정체를 제대로 파악하는 일이다. 나는 어떻게 하면 정말로 만족할 수 있을까, 그것을 정면으로 마주보는 일이다. – 이나가키 에미코, 『그리고 생활은 계속된다』

'나는 무엇에 만족하는가, 재정 상태는 지금 어떠한가, 장래에 어떤 계획이 있는가.' 수시로 묻는 것이 중요하다. 끊임없이 묻고, 내 상황에 비해 비싸거나, 필요 없는 것이면 아무리 가격이 괜찮고 성능이 좋더라도 지갑을 열지 않는 것이다. 좋은 차가 중고로 나왔다고 하자. 그런데 나는 거의 모든 출퇴근을 지하철로 하고 있다. 굳이 차를 살 필요가 있을까. 게다가 요즘은 카쉐어링도 많이 한다. 집이 비슷한 방향의 사람과 같이 차를 쓰면 된다. 싼 가격의 비행기 티켓이 나왔더라도 여행을 갔다 온 지 얼마 되지 않았거나, 카드 할부가 많을 때는 사지 않는 것이다.

좀 더 적극적인 방법을 알아보자. 많은 시간을 뺏기고, 실제로 물건을 구입하게 하는 통로를 막아야 한다. 예를 들어 홈쇼핑에서 광고하

는 물건을 보면, 갑자기 필요한 것처럼 느껴진다. 과감히 홈쇼핑 채널을 지우는 것이다. 저가 상품을 홍보하는 어플도 지우자. 유혹거리를 멀리하는 것이다. 쇼핑할 때도 리스트를 작성해서 정말 필요한 물건만 쇼핑하자. 사야 할 것 같은 1+1 등의 행사 상품엔 눈길을 두면 안 된다. 먹는 것도 마찬가지. 밥 먹고 습관적으로 가는 커피숍도 줄여보자. 일주일에 5번 갔으면 2번으로 줄이는 것이다.

우리 사회는 약간 이상하다. 어느 때보다 힘들다고 하면서 소비행태는 그렇지도 않아 보인다. 이번 추석연휴 때 해외 여행객이 100만 명을 훌쩍 넘었다고 한다. 수많은 사람이 공항에서 대기하는 것을 보았을 것이다. '욜로'를 외치는 시대에 자신에게 마음껏 돈을 쓰는 것은 당연하고, 투자라 생각할 수도 있다. 그렇지만 우리의 욕망은 끝이 없고, 계속 새롭고 좋은 것을 바랄 것이다. 마치 바닷물을 마신 사람이 갈증을 호소하는 것처럼.

무언가를 새로 사기 전에 이것이 정말로 필요한 것인지 물어보고, 현재 재정 상황은 어떤지 살펴보기. 그것이 건강한 소비를 위한 최소한의 장치가 될 것이다. 우리의 욕망을 찬찬히 바라보고 점검해 보자. 거기에서부터 단순한 삶은 시작된다.

매너와 말, 나를 만드는 것

재미있게 본 드라마가 있다. 〈나의 아저씨〉. 이지안은 평생을 사채업자에게 쫓기며, 세상에 할큄을 당해왔다. 그 결과 세상과 인간에 대해 냉소와 불신만이 남았다. 모두가 지안을 무시하고, 손가락질했다. 그런 지안을 인간으로 대했던 사람이 있었다. 지안의 상사였던 박동훈.

나는 박동훈에 푹 빠졌다. 그는 누구에게도 함부로 말하지 않았다. 상사에게는 물론이고, 동료와 후배에게도 공손히 말했다. 심지어는 계약직이고 출신이 불분명한 지안에게도 함부로 하지 않는다. 부를 때에도 "야", "여기"라 하지 않고, 항상 "이지안 씨"라고 부른다. 홀로 할머니를 모시는 지안의 딱한 사정을 듣고, 어떻게 하면 혜택을 받을지 상세히 설명해 주기도 한다. 나는 그에게서 '매너'를 찾았다.

'개저씨'라는 말을 아는가. '개념 없는 아저씨, 나이나 지위를 앞세워 약자에게 함부로 대하는 중년남자'를 의미한다. 국어사전에 등재

될 정도로 보편화된 말이다. 불행하게도 한국에는 개저씨가 존재하고, 점점 많아지는 것만 같다. 『실어증입니다, 일하기싫어증』이라는 책에 보면, 이런 내용이 있다. 여럿이 점심을 같이 먹는 시간. 상사는 계속 말한다. "글쎄 그 녀석이 여자 친구를 데려왔는데 말이야..." 그 이야기를 들어야 하는 사람들은 낭패다. 책에는 크게 이렇게 쓰여 있다. "귀한 점심시간은 귀한 네 아들 이야기..." 또 하나를 보자. 한 직장인이 정신과 의사에게 말한다. "어지럽고 일도 안 잡히고 현실도피하고 싶고 불안하고 그래요." 의사의 대답은 "상사병입니다." 직장인이 "사랑에 빠진 건가요?"라고 되묻자, 의사는 "아뇨. 직장상사가 주는 병"이라 말한다. 이처럼 사람들은 직장 상사에 대해 부정적인 견해를 갖는다. 그러지 않은 상사도 있겠지만, 많은 상사가 후배에게 귀감이 되지 못하고 있다. 매너가 없기 때문이다.

'매너 있어야 한다. 예의 챙겨야 한다, 인사 잘해야 한다.' 같은 것은 초등학교, 아니 유치원 때부터 배워 온 것이다. 그럼에도 기본적인 매너를 지닌 사람을 쉽게 만나볼 수 없다. 가뜩이나 업무와 스트레스가 많은 회사. 그 속에서 매너 없는 상사, 혹은 동료는 우리의 직장 생활을 더욱 힘들게 한다.

인사만 잘해도

좋은 매너는 어떤 것일까. 역지사지라고 했다. 처지를 서로 바꾸어 생각한다는 뜻으로 다른 사람의 처지에서 생각하라는 말이다. 내 기준과 입장이 아니라, 상대방의 마음을 헤아려보는 것이다. 매너에 대해서는 할 말이 많지만, 두 가지만 말하고 싶다. 첫 번째는 인사 잘하기. 앞집에 사는 아저씨 이야기를 해 보겠다. 나와 비슷한 나이 또래인데, 엘리베이터를 기다리는 그를 우연히 만났다. 대부분은 머리 좀 까딱하며, 눈을 피하며 인사하기 마련인데, 그분은 달랐다. 나를 향해 허리를 구부리며 "안녕하세요."라고 큰소리로 인사하는 게 아닌가. 정말 놀랐다. 요즘은 앞집도 거의 남인데, 이렇게 황송하게 인사를 하다니... 더 놀란 건 엘리베이터에 타서였다. 출근 시간이라 거의 층마다 엘리베이터가 섰다. 그분은 문이 열리고 타는 사람마다 인사를 하셨다. 이후에도 그분은 만나면 그렇게 인사를 하신다. 나 역시 그분을 보면 기분이 좋아져 따라서 인사한다. 다른 것도 아니라 인사 하나로 무장해제가 된 것이다.

사소한 한두 마디라도 인사하면 그 전까지 '몰랐던 사람'에서 갑자기 '친구나 지인'과 같은 분위기가 생긴다. 그러므로 인사하는 행동이 매우 중요하다. - 나이토 요시히토, 『말투 하나 바꿨을 뿐인데』

같이 일하는 동료, 상사, 후배를 만나면 먼저 인사를 건네 보라. 처음엔 그들도 어색해 하더라도 흔쾌히 인사를 받아줄 것이다. 상대방이 인사를 받지 않더라도 개의치 마라. 언젠가는 먼저 인사를 건네올 것이다. 회사에 방문한 다른 회사 사람에게도 친절히 인사해 보라. 당신의 좋은 이미지가 회사의 이미지가 될 것이다. 항상 수고하시는 경비원, 주차장 관리인, 청소원에게도 인사를 해 보라. 보이지 않는 곳에서 제일 수고하시는 분들 아닌가.

말이 나를 만든다

두 번째는 우리의 '언어'를 잘 쓰자는 것이다. 요즘 하루가 멀다 하고 사회적으로 높은 사람들의 갑질 사건이 늘어난다. 핵심은 바로 말이다. 그들은 비서, 운전기사 등 자신을 보좌하는 측근뿐 아니라 일반 사원에게도 입에 담을 수 없는 심한 욕을 하곤 한다.

우리는 이러한 사람들에게 분개하지만, 과연 내가 쓰는 말은 어떤지 돌아볼 일이다. 나는 문구점에서 하루에 수십 명의 고객을 만난다. 아이들부터 머리가 허연 어르신까지 다양하다. 소위 진상을 결정하는 제일 큰 요소는 '말'이다. 천 원짜리 물건 하나를 사더라도 공손히 말하는 손님을 만나면 기분이 참 좋다. 반대로 반말을 해대며, 대충 말하는 손님을 만나면 그날은 기분이 좋지 않다. 나 역시 바쁜 상황에서 손님에게 대충 말할 때가 있다. 상대방 역시 기분이 별로였을 것이다.

이처럼 말은 별 것 아닌 것 같지만, 상대방에게 해를 끼치기도, 기분을 좋게도 만드는 강력한 힘이 있다. 특히나 말은 한번 내뱉으면 주어 담을 수 없어서 더욱 조심해야 한다. 또한 말과 함께 우리가 간과할 수 없는 것이 있다. 바로 말투.

대화의 현장에서 많은 사람들이 놓치고 있는 것, 바로 말투다. 말의 내용과 말의 형식은 학교에서, 가정에서 잘 배우고 있지만 말투에 대해서는 그동안 간과해왔다. 그러나 말의 내용보다, 말의 형식보다 관계를 결정짓는 힘은 말투에 있다. 말투 하나만 가다듬어도 인생이 바뀐다. 말투만 바꿔도 막혔던 말문이 트이고, 원하는 것을 얻으며, 사람 사이의 분위기가 달라진다. 성공하는 사람들, 존경받는 사람들, 알고 보니 말투부터 달랐다. 말투는 인간관계를 구축하는 데 빼놓을 수 없는 매우 중요한 역할을 한다. - 김범준, 『모든 관계는 말투에서 시작된다』

　의식조차 못 하는 자신만의 습관적인 말투가 있다. "미안합니다." 하는데, 잘못한 점이 하나도 없는 것 같고, "고맙습니다."를 말하는데, 전혀 고마움이 느껴지지 않는다. 이런 경우가 얼마나 많은가. 말투 때문이다. '말 한 마디로 천 냥 빚을 갚는다.'고 했다. 말 한 마디를 완성시키는 것이 말투이다. 이 책에서는 "말투는 버릇일 뿐 본성이 아니다. 그러니 얼마든지 고칠 수 있다. 바꾸려고 노력하면 충분히 가능한 일이다."라고 말한다.

　누구에게나 말을 함부로 하며, 거친 언행을 일삼는 사람이 있다. 그에게 말 좀 부드럽게 해 달라고 하면, 이렇게 말한다. "난 원래 이렇다고. 이렇게 말하는 사람이라고." 철저하게 자기를 합리화하고, 이기적인 말이 아닐 수 없다. 나는 원래 이러니 너희가 피하든가 조심하라는 말 아닌가. 처음부터 '개저씨'는 없다. 개저씨로 만들어지는 것이다.

행복하다고 말하는 동안은
나도 정말 행복해서
마음에 맑은 샘이 흐르고

고맙다고 말하는 동안은
고마운 마음 새로이 솟아올라
내 마음도 더욱 순해지고

아름답다고 말하는 동안은
나도 잠시 아름다운 사람이 되어
마음 한 자락이 환해지고

좋은 말이 나를 키우는 걸
나는 말하면서
다시 알지
-이해인, 『나를 키우는 말』

밀이 나를 만든다. 나를 키우는 것이다. 말은 다른 사람에게 지대한 영향을 미친다. 또한, 남에게 영향을 미치기 전에, 나에게 영향을 먼저 끼친다는 것을 잊지 말자. 욕을 하고, 부정적인 말을 하면 스스로 기분이 좋지 않다. 그럼에도 계속 나쁜 말을 해대면, 그런 나쁜 사람이 되는 것이다.

　고운 말이 입에서 잘 나오지 않는다면, 연습하는 것도 좋은 방법이다. 출근길에 누군가와 부딪쳤을 때, "죄송합니다."라고 이야기해 보자. 마트에서 물건을 살 때, 계산하시는 분에게 "고맙습니다."라고 말해 보자. 그런 말 습관이 쌓여 좋은 매너의 사람으로 변해 갈 것이다.

　"예의는 자기 자신을 비추는 거울이다." 독일의 대문호 괴테의 말이다. 오늘 나는 어떤 말을 하는가. 오늘 나는 어떤 행동을 하는가. 그 말과 행동으로 다른 사람이 나를 평가할 것이고, 부메랑이 되어 내게 돌아올 것이다. 오늘 나는 어떤 말과 행동을 해야 할까?

기억, 마음을 쓰는 것

내 마음을 움직인 영화가 있다. 멕시코를 배경으로 한 애니메이션 〈코코〉. 대강의 줄거리는 이렇다. 주인공 미구엘의 고조할아버지는 아내 이멜다와 딸 코코를 버리고 음악을 하겠다며 떠난다. 때문에 이멜다의 가족은 음악을 극도로 싫어하고, 음악을 사랑하는 미구엘과 갈등을 일으킨다. 그러던 중, 〈죽은 자의 날〉 축제에서 음악 콘테스트가 열린다. 미구엘은 우상이었던 가수 델라 크루즈의 무덤에 있는 기타에 손을 댄다. 연주를 하자마자 미구엘은 사람들 눈에 보이지 않고, 그는 해골이 보이기 시작한다.

저승으로 간 미구엘은 고조할머니 이멜디와 가족을 민닌다. 가족은 미구엘을 이승으로 돌려보내기 위해 축복을 내리지만, 미구엘은 또다시 델라 크루즈의 기타를 만져 저승으로 간다. 거기서 친구 헥토르를 만나고, 가족사에 얽힌 진짜 이야기를 밝혀내기 위한 여정을 시작한다. 이 영화는 저승을 음악과 춤이 있고 따뜻한 정이 넘치는 곳으로 그려 흥미로웠다. 화려한 그래픽 디자인도 일품이었고, 감미로운 OST도 좋았다.

제일 감동적이었던 것은 마지막 장면이다. 천신만고 끝에 지상으로 돌아온 미구엘은 증조할머니 '코코'에게 고조할아버지의 'Remember me'를 들려준다. 코코는 자신의 아버지를 떠올리며 눈물 흘린다. 어렸을 때 집을 떠났던 아버지를 코코는 애틋하게 기다렸으리라. '코코'는 한마디로 '기억'에 대한 영화다.

기억은 중요하다. 코흘리개 시절 아빠와 엄마 품에 안겨 스르르 잠들었던 일, 철부지 시절 친구들과 수많은 이야기를 나누었던 밤, 그토록 원하던 버킷리스트를 마침내 이루었던 날, 떨리던 결혼의 기억, 첫째 아이를 품에 안고 마냥 행복했던 일... 이런 기억은 살아가며 만나는 힘든 일을 이겨내게 한다. 코코가 지난한 세월을 견디었던 힘은 아빠와 함께 했던 유년의 기억 아니었을까.

기억의 의미

기억한다는 것은 무엇일까? 머릿속의 뇌가 기억을 담당한다는 건 명백하다. 올바른 기억을 위해서는 필요한 것이 더 있다. 마음을 쓰는 것이다. 정말 친한 친구가 있는데, 몇 년 동안 연락이 없다면 어떨까. 아무리 친했더라도 서먹하지 않겠는가. 친했다는 뇌의 기억은 있겠지만, 마음의 기억은 희미하기 때문이다. '먹고 사느라 정신없어서 연락하지 못했다'는 핑계도 소용없다. 전화라도 할 수 있지 않은가. 지구 반대편에 있어도 연락할 수 있는 시대다.

　나는 친구가 그렇게 많지 않다. 그 중, 대학교 1학년 때 만난 동아리 친구가 있다. 서로의 바쁜 상황으로 졸업 이후, 따로 만난 경우는 별로 없다. 20여 년 동안 관계를 유지할 수 있던 것은 친구의 노력 때문이었다. 항상 먼저 연락해 주었다. 나와 내 가정을 걱정해주고, 항상 안부를 물어봐 준다. 책을 쓴다고 했을 때도 아낌없는 조언과 응원을 해주었다. 그는 내게 마음을 쓴 것이었다.

　기억해야 할 것이 꼭 사람만은 아니다. 어떤 이들은 가방이나 옷에 노란 리본을 달고 다닌다. 무슨 의미인지 알 것이다. 지난 2014년 4월 16일, 전 국민을 눈물짓게 했던 세월호 참사가 있었다. 노란 리본은 피어나지 않은 꽃망울 같은 학생들과 그들을 눈물로 가슴에 묻은 가족들을 기억하자는 의미이다. 하루빨리 진상 규명이 명백히 밝혀지길 촉구하는 의미이기도 하다. 예전엔 '굳이 리본을 달아야 하나. 마음속으로만 기억하면 되는 것 아닌가.'라고 생각했다. 세월호와 관련된 책을 읽으며, 세월호 참사가 잊혀서는 안 되고, 계속 되묻고 희생자들을 잘 추모하는 것이 중요함을 깨달았다.

　간절히 바라고 눈물을 흘려주는 것과 같은 아주 사소한 행동도 타인에게는 결정적인 도움이 될 수 있다고 믿어요. 치유는 아주 소박한 것입니다. 사람 마음을 어떤 순간에 살짝 만지는 것, 별것 아닌데 사람이 휘청하는 것, 그냥 울컥하는 것, 기우뚱하는 어떤 순간. 그것이 바로 치유의 순간입니다. 그래서 우리는 모두 치유자가 될 수 있어요. 더구나 지금과 같은 때는 더 그렇죠. - 정혜신/진은영, 『천사들은 우리 옆집에 산다』

위안부를 기리는 의미의 표식도 있다. '희망나비 팔찌'. 수익금 중 일부가 위안부 할머니 후원시설인 나눔의 집 추모공원을 조성하는 데 사용된다. 그 외에도 위안부를 기억하기 위해 셔츠, 배지, 조명 등 이 만들어졌다. 단순한 장식이 아니다. 일본 정부의 진정한 사과와 배상을 요구하고, 할머니들의 아픈 역사를 잊지 말자는 것이다. 단재 신채호 선생은 "역사를 잊은 민족에게 미래는 없다."라고 말했다. 조 그만 표식일지라도 그것을 사용함으로 인해 잘 기억하겠다는 단호한 의지를 보여주는 것이다. 더 나아가 다른 사람에게도 함께 기억하자 고 말하는 것이다.

메모의 힘

급격한 디지털의 발달은 우리의 기억을 용이하게 만들었다. 볼펜과 메모지가 없어도 된다. 그때그때 일어난 일과 당시의 느낌을 스마트 폰 메모장에 적으면 된다. 이미지가 중요하니 사진으로 찍어 저장할 수도 있다. 인터넷 포털 사이트에 로그인 하면 내가 어떤 기사를 검 색했는지 숨김없이 나오고, 내가 좋아할 만한 기사를 추천해 주기도 한다.

의아한 점이 있다. 전보다 기억력이 감퇴되었다고 말하는 사람이 많다는 것이다. 놀라운 건 이들이 6~70대 이상의 어르신이 아니라 3~40대의 젊은 사람들이라는 것이다. 40대 초반인 나도, 대화할 때

단어가 생각이 안 나는 경우가 있다. 이런 현상을 '디지털 치매'라고 한다. 스마트폰, 컴퓨터 등의 디지털 기기에 의존한 나머지 기억력이나 계산 능력이 크게 떨어진 상태를 말하는 것이다. 전에는 길 찾을 때 지나가는 사람에게 물어보며 가야 했다. 지금은 목적지만 검색하면 기계가 상세히 길을 알려준다. 길을 기억할 필요가 없다. 참 아이러니 하지 않은가. 기억을 잘 하도록 도와주는 디지털 기기가 오히려 기억력을 감퇴시키다니.

스마트폰과 컴퓨터에 빼앗긴 기억력을 어떻게 향상시킬 수 있을까. 쉬운 방법이 있다. 바로 메모하는 것이다. 메모는 기억해야 하는 내용을 잊지 않기 위해서 기록하는 짧은 글을 말한다. 내게 일어나는 모든 일을 기억할 수 없다. 필히 어떤 것은 기억해야 하고, 어떤 것은 잊어버려야 한다. 기억과 망각, 선택의 기로에서 메모는 중요한 역할을 한다.

메모에는 적는 사람의 해석과 판단이 스며듭니다. 메모를 위해 펜을 꺼내 드는 순간, 자신만의 잣대로 중요한 것과 중요하지 않은 것을 분류해야 합니다. 머리로 떠올린 것을 제한된 공간에 죄다 적을 순 없기 때문이죠. - 이기주, 『여선히 글쓰기가 중요한 낭신에게』

어떤 일이 일어나고 누군가를 만나는 찰나, 중요한 것을 잡아내고 꼭 기억해야겠다는 의지의 표현이 메모이다. 메모를 하는 순간, 머릿속에도 저장되는 것이다. 메모의 달인은 많다. 대표적으로 레오나르도 다빈치. 그는 10만여 점의 데생과 6,000쪽이 넘는 방대한 메모를 남겼다. 메모는 실험에 대한 상세한 설명과 정교한 그림, 실험결과 분석으로 채워져 있다. 세계적인 소설가 베르나르 베르베르. 그는 아침에 일어나면 지난밤 꿈을 수첩에 적어 둔다. 나중에 수첩은 작품의 좋은 소재가 된다고 한다. 발명왕 에디슨도 빼놓을 수 없다. 그는 보거나 들은 건 뭐든 주머니에 넣고 다니는 노트에 옮겨 적었다. 그렇게 평생 기록한 노트가 3,400권이나 발견되었다.

이왕이면 손으로 메모를 써라. 기본적으로 스마트폰에 메모장이 있고, 좋은 메모 애플리케이션이 많이 나와 있다. 그럼에도 손으로 쓰는 것을 추천한다. 아침에 일어나 출근하기 바쁜 와중에 수첩과 펜을 챙기는 것. 당연히 쉽진 않다. 그렇지만 그 행위 자체가 오늘 내게 일어날 조그만 일이라도 놓치지 않겠다는 단호한 의지의 표현이 된다. 습관적으로 집어 드는 스마트폰과는 비교의 대상이 안 된다.

나는 내 자신을 관리하기 위해 메모한다. 메모는 나 자신에 대한 '지시'다.

어떤 사람을 만났을 때 또는 어떤 일에 감동하거나 좋은 생각이 떠올랐을 때 그 느낌과 발상을 기억하기 위해 스스로에게 '잊지 말라'는 지시를 내린다. - 사카토 켄지, 『메모의 기술』

손으로 쓰는 것만으로 생각이 정리되는 느낌이 있다. 뇌에서도 이것은 중요한 내용이라는 인식이 들어, 오래도록 기억될 수 있는 것이다.

나는 가게 카운터에 노트를 비치해 놓는다. 노트에 일기, 순간적인 생각이나 다짐, 책 읽다가 생각난 것을 적는다. 가끔 들춰보면, 썼을 때 느꼈던 감정이나 생각이 되살아난다. 좋은 글감의 원천도 된다.

─── 괴롭고 아픈 일이라도

다른 사람을 기억하고 중요한 역사를 기억하는 것, 중요하다. 거기에서 멈추지 말고, 자신이 겪은 일이나 자신의 생각을 기억하는 것역시 중요하다. 그것이 나의 역사 아닌가. 잘 기억하면 좋겠다. 좋고행복한 기억은 물론, 쓰리고 아픈 기억도 포함해서. 돌이켜보면 지금의 나를 만든 건 좋은 시간뿐 아니라, 실패하고 아팠던 시간까지 아닌가.

괴롭고 힘겨운 일은 자신의 깊은 곳까지 뒤틀어 놓기도 하고 또 그당시에는 정말 괴롭기도 하지만 나중에는 반드시 어떤 토대가 되기마련입니다. - 요시모토 바나나, 『어른이 된다는 건』

나쁜 기억을 모조리 없애는 것보다는 그 기억에서 무엇을 배우고, 무엇을 익혔는지 깨닫는 게 중요하다. 한 시인은 이렇게 노래했다.

"저게 저절로 붉어질 리는 없다. / 저 안에 태풍 몇 개 / 저 안에 천둥 몇 개 / 저 안에 벼락 몇 개"(장석주, 〈대추 한 알〉 중).

대추 한 알도 이런데, 만물의 영장이라는 사람이 커 가는 데에는 얼마나 많은 것이 필요하겠나. 어르신들이 많이 하는 말이 있다. "시간이 정말 빨라." 시간은 정말 빠르게 지나간다. 일 년 전, 아니 한 달전에 어떤 일이 일어났는지 깜깜할 때가 많다. 빨리 흘러가는 시간이 무섭기까지 하다. 과거의 인상 깊은 장면을 현재의 순간에 떠올리는 것은 기억만이 줄 수 있는 선물은 아닐까. 더 나아가 그것은 더 나은 미래를 만드는 촉매제가 될 것이다.

환대, 함께 살아가기

대학교 시절, 친구들과 터키를 여행했다. 이스탄불을 거쳐 남부의 멜신이라는 소도시를 방문했고, 그곳을 대표하는 멜신대학교에 찾아 갔다. 큰 호수가 있을 정도로 학교는 컸지만, 방학이라 학생은 별로 없었다. 40도에 육박하는 기온에 햇볕은 뜨겁게 내리쬤다. 다리는 점점 아파 왔고, '괜히 왔나' 싶은 후회가 생겼을 때쯤, 누가 인사를 건네 왔다. 학교의 조교였다. 학교를 둘러보고 있다고 말하니, 흔쾌히 소개해 주겠다는 게 아닌가.

그는 학교 구석구석을 안내해 주었다. 학교의 여러 곳을 보여주고, 사진을 찍어 주었다. 행정실도 데리고 갔다. 거기에서 학교의 역사와 특징을 소개 받고, 브로슈어와 배지 등의 기념품도 받았다. 호의는 여기에서 끝나지 않았다. 식당에서 학교 밥도 사주었다.

밥 먹으며 대화하던 중, 그의 어머니께서 편찮으시다는 것을 알았다. 병원 가던 중에 우리를 만난 것이었다. 너무 놀랐다. 바쁘고 마음이 분주했을 텐데, 시간을 내어 도와주었다니... "빨리 가야 되는 거 아니냐. 죄송하다."고 하자 그는 이렇게 말했다. "한국과 터키는 피를 나눈 형제다. 한국전쟁에서 선조들이 피를 흘렸기 때문이다. 길을 잃은 것 같아서 안쓰러웠다. 도와주고 싶었다."

예상치 못했던 조교의 도움 때문이었을까. 터키는 내게 좋은 기억으로 남았고, 이후 몇 번 더 찾을 정도로 인생의 여행지가 되었다. 타지에서 지친 여행객이었던 나는 환대를 받은 것이었다.

환대, 누군가를 향한 관심

작년 우리나라를 뒤덮은 심한 갈등이 있었다. 제주 예멘 난민에 대한 것. 예멘 내전을 피해 제주특별자치도로 무비자 입국한 예멘인 561명이 난민 지위를 신청한 것이 알려지며 논란은 시작되었다. 이들을 받아들여야 할지 말아야 할지 사람들은 격렬한 갑론을박을 벌였다. 반대하는 사람들은 이들을 잠재적 범죄자, 테러 집단으로 여기고 배척했다. 대부분이 무슬림이기에 혐오한 것이다. 이들은 청와대 국민청원에 반대청원을 올렸고, 70만 명 이상이 동의했다.

찬성 측 의견은 이렇다. 한국은 UN 가입국으로서 1992년 난민협약에 가입했다. 이에 따라 자국으로 돌아가면 생명의 위험을 받는 외국인의 안전을 보장해야 하는 법적인 의무가 있다는 것이다. 또한, 우리나라 역시 한국전쟁 당시 많은 나라로부터 도움 받았고, 앞으로 다른 국가의 도움이 필요할 수 있다고 주장했다.

계속된 논의 끝에 정부는 작년 10월, 339명의 인도적 체류를 허락했다. 9월에 허락받은 23명을 포함하면 모두 362명이다. 정부의 결정에 사람들은 찬성과 반대로 다시 나뉘었다. 아직도 난민 문제는 우리 사회의 '뜨거운 감자'이다. 과연 찬성해야 할까, 반대해야 할까. 어느 선까지 이들을 받아들여야 할까. 확실한 정답은 모르지만, 이 문제가 '환대'와 직접적으로 연결되어 있음은 분명하다.

영어로 환대는 'hospitality'이다. 손님(host)을 친절히 맞이하는 것과 관련 있다. 손님이나 방문자를 호의적으로 맞아주고 기쁘게 해주는 것을 뜻한다. 환대를 더 확대해 보자면, 도움이 필요한 사람에게 관대하게 주의를 기울이거나 친절한 행동을 보이는 것이다.

'환대'하면 떠오르는 소설이 있다. 『앵무새 죽이기』 이 책은 미국에서 인종차별이 가장 심했던 남부 앨라배마 주에서 있었던 일을 바탕으로 쓰였다. 또한, 1930년대 대공황의 여파로 피폐해진 미국의 모습과 사회계층 간, 인종 간의 첨예한 대립을 그리고 있다. 이야기의 핵심은 스카웃의 아버지 핀치 변호사가 흑인 로빈슨을 변호하는 것이다. 로빈슨은 백인 여자를 성폭행한 혐의로 구속되었다. 마을 사람들의 비난과 집단린치에도 불구하고, 핀치는 로빈슨을 변호한다. 결국 핀치는 그의 무죄를 입증하는 증거를 제시한다. 그럼에도 백인 배심원들은 유죄 평결을 내린다.

소설을 읽고 난 후, 역사책에서만 보았던 인종차별을 새로운 눈으로 바라볼 수 있었다. 멀리 있는 것이 아닌, 내 옆에서 일어날 수 있는 문제로 여겨졌다. 특히 핀치의 모습이 인상 깊었다. 모두가 로빈슨의 유죄를 믿어 의심치 않을 때, 핀치는 로빈슨을 믿고 변호한다.

인종차별은 신념을 넘어 '종교'의 수준이라 할 수 있다. 지금도 존재하는 것을 보면 얼마나 견고한가. 핀치의 결정은 단순히 한 사람을 변호하는 문제가 아니었다. 흑인을 경멸하는 사회에 정면으로 대척한 것이었다. 과연 나라면 핀치 같은 결정을 할 수 있었을까.

"누군가를 정말로 이해하려고 한다면 그 사람의 입장에서 생각해야 하는 거야."
"네?"
"말하자면 그 사람 살갗 안으로 들어가 그 사람이 되어서 걸어 다니는 거지."
  - 하퍼 리, 『앵무새 죽이기』.

핀치는 로빈슨을 특별하게 보지 않았다. 그는 로빈슨과 백인을 똑같은 눈으로 보았다. 한 인간으로 바라보았다. 차별하지 않았다는 것이다. 누명을 쓰고 불행에 빠져 있는 로빈슨. 그를 핀치는 지나치지 않았다. 핀치는 로빈슨을 환대한 것이다.

"아빠가 정말로 깜둥이 애인인 건 아니죠?"
"정말로 흑인 애인이란다. 난 모든 사람을 사랑하려고 최선을 다하고 있어……. 그래서 때로 어려움에 처할 때가 있지……. - 『앵무새 죽이기』

사실 환대가 쉽지는 않다. 누군가를 향한 관심이 있어야 하고, 시간을 내야 한다. 돈이 필요할 수도 있다. 반대의 목소리도 이겨내야 한다. 때문에 환대는 용기가 필요하다. 결단이 필요하다.

타자에게 자리를 주다

아무래도 친구나 지인을 환대하는 건 쉽다. 그들이 어떤 사람인지 이미 알고 있기에... 그들로부터도 이미 환대를 받았을 것이다. 그렇지만, 처음 보는 사람에게 환대를 베풀어야 한다면? 쉽게 답을 할 수 있겠는가. '알지도 못하는 사람을 내가 왜 도와야 돼?'라며 움츠려들 것이다. 심지어는 '요즘 같은 무서운 시대에 해를 당하면 어떡해?'라 생각하며 황급히 자리를 피할지도 모른다.

그동안 내가 받아온 환대를 떠올려 보는 건 어떨까. 누군가의 도움으로 큰 고비를 넘었던 적은 없는가. 생면부지로부터 받았던 예상치 못했던 도움은 없는가. 길을 잃었을 때 올바른 길을 알려 주었던 사람, 여행지에서 친절하게 맞아주고, 인사해 주었던 사람도 있었을 것이다. 그들 역시 나를 환대했을 때 쉽지만은 않았을 것이다.

환대란 타자에게 자리를 주는 행위, 혹은 사회 안에 있는 그의 자리를 인정하는 행위이다. 자리를 준다./인정한다는 것은 그 자리에 딸린 권리들을 준다./인정한다는 뜻이다. 또는 권리들을 주장할 권리를 인정한다는 것이다. 환대받음에 의해 우리는 사회의 구성원이 되고, 권리들에 대한 권리를 갖게 된다. - 김현경, 『사람 장소 환대』

역지사지라고 했다. 누군가가 어려움에 빠졌을 때, '나는 저런 경우에 어떠한 마음일까' 묻는 것이다. 측은한 마음으로 돕고 환대하는 것이다. 환대를 큰 것으로만 생각하는가. 큰 물질적인 도움을 주어야만, 많은 시간을 내야만 환대가 아니다. 더울 때 대접한 시원한 물 한 잔, 곤란에 빠졌을 때 건네는 따뜻한 말 한마디, 긴장에 사로잡혔을 때 마음을 풀어주는 환한 미소. 이것으로 충분하다. 이것만으로 나그네 같이 외롭고 지쳤던 누군가는 마음의 짐을 덜 수 있다.

어려울 때 달려와 주는 이웃이 있다는 건
그 어떤 보험보다 듬직한 언덕이 된다.
위험 가득한 세계에서 우리는 누군가에게
기대고 의지할 수밖에 없는 존재이다.
내 영혼이 발 딛고 평온할 수 있는 곳은
내 곁에서 함께 길을 걷는 그대가 아닌가.
- 박노해, 『다른 길』

관심을 갖고 주위를 둘러보면 환대가 필요한 사람은 많다. 잘못된 시선으로 겹으로 고통당하는 장애인들, 몇 시간을 서서 일해야 하는 마트 캐셔, 햇볕도 제대로 못 보고 일하는 아파트 청소부, 밥 먹을 시간도 없이 뛰는 택배 기사, 얼굴색이 조금 다르다는 이유로 차별 받는 다문화 가정 아이들... 우리는 이들과 같이 살아가야 한다. 이들의 자리를 인정해야 한다. 내가 아무런 조건 없이 받아들여져서 살아가는 것처럼, 이들도 같이 살아가야 한다. 이들에게 동일한 기회를 주어야 한다.

소설에서 핀치는 딸에게 이렇게 말한다. "스카웃, 결국 우리가 잘만 보면 대부분의 사람은 모두 멋지단다." 오늘 하루, 내가 환대를 베풀어야 할 사람이 있는가. 나 역시 환대가 필요할 수 있다. 우리 모두 환대가 필요하다.

공부, 내가 성장하는 시간

인문학 열풍이다. 인문학에 관련된 책이 우후죽순으로 출간되고, 강좌도 제법 열린다. 전에는 소수의 지식인에게만 '인문학'이 해당된다고 여겼다. 먹고 살기에 바쁜데 신경 쓸 겨를이 어디 있냐며... 분위기가 바뀌었다. 인문학을 모르면 그것도 모르냐는 무언의 압박을 받는 시대다. 이런 사회의 분위기와 맞물려, 공부의 중요성도 새삼 강조된다.

'공부'. 얼굴이 하얗게 질리는 사람이 꽤 많을 것이다. 시험 전날 내신을 올리려고 밤새 공부했던 일. 대학교 때 잘 맞지 않는 사람과 조별 과제를 하며 치를 떨던 일. 오르지 않는 토익점수 때문에 낑낑댔던 일... 이렇듯이 공부를 너무 고통스러운 것으로만 기억하진 않을까. 그렇기에 취업과 동시에 공부를 졸업하는 사람이 얼마나 많은가. 공부할 시간도 없을 것이다. 업무도 새롭게 익혀야 하고, 야근도 많다. 퇴근 이후에는 원치 않는 회식도 가야 한다. 한숨만 늘어난다.

'공부하긴 해야 하는데…'

배움을 통해 성장한다

중요한 것은 무언가를 이루기 위한 수단으로써의 공부를 하는 것이 아니라 공부 그 자체가 목적인 공부를 하는 것이다. 이 공부들은 우리의 지식 체계를 풍요롭게 해 주고 생각하는 법을 길러 주며 더 나아가서는 인생을 어떻게 살 것 인지까지 고민할 수 있도록 이끌어 준다. – 사이토 다카시, 『내가 공부하는 이유』

사이토 다카시 교수의 말에 공감한다. 공부의 패러다임을 바꿔보자는 것이다. 여태껏 무언가를 이루기 위해 공부했다면, 이젠 나를 위한 공부, 내가 좋아하는 것을 공부하는 것이다. 그렇다면 공부가 더 재미있지 않을까.

토익이나 토플을 위해 영어 공부 했다면, 회화만 집중해서 공부해도 된다. 영어가 아니라도 좋다. 평소 공부해 보고 싶었던 중국어나 아랍어는 어떤가. 취미를 살려 공부할 수도 있다. 영화를 좋아한다면, 영화 관련 강의를 듣거나 동호회 활동을 하면 된다. 취미생활도 하고, 자연스레 공부도 하는 것이다. 일석이조가 따로 없다.

사람은 배움을 통해 성장한다. 성장이란 생명체가 살아가는 한, 살아 있는 한 지속적으로 수행하는 그 무엇이다. 생명체는 살아가기 위해 늘 환경에 적응할 수밖에 없다. 생명체는 환경에 보다 잘 적응하기 위해 스스로를 갱신해나간다. 자신만 바꾸는 것이 아니다. 배움이 깊어지면 아는 것을 활용해 보다 적극적으로 세상을 바꾸기도 한다. 이처럼 생명체가 배움을 통해 자신과 세상을 바꾸어가는 과정을 '성장'이라고 부르며, 그 성장 과정이 곧 삶이다. 자신의 삶과 세상을 바꾸어내는 힘이 커지는 것, 즉 성장이 배움의 기쁨이다. - 엄기호, 『공부 공부』

여태까지는 지식을 쌓기 위한 공부였다면, 이제는 내가 성장하는 공부가 필요하다. 세상은 눈코 뜰 새 없이 변한다. 지식은 몇 달, 아니 며칠만 지나면 옛날지식이 되어 버린다. 경쟁하는 사람이 내 옆에만 있었는데, 이젠 지구 반대편의 누군가와도 경쟁해야 한다. 내가 서 있을 곳은 점점 좁아진다. 이런 상황에서 휩쓸리지 않게 나를 붙들어 줄 수 있는 것은 공부이다.

공부의 방법도 달라졌다. 과거에는 퇴근 후 어학원에서 외국어를 공부하거나 야간 대학원에 갔다. 요즘에는 SNS를 통해 자발적으로 만들어진 배움터가 인기다. 이슈가 있을 때마다 관련 강연이 즉흥적으로 만들어진다. 찾는 이들도 제법 많다. 주체적으로 공부하는 것이다. 어떤 분야를 공부하고 싶다면, 적극적으로 사람을 모아 같이 공부하고, 전문가를 초빙해 배우면 된다.

예를 들어보자. '리뷰빙자리뷰'는 독특한 경험을 소개하는 강연 플랫폼이다. '칸 국제 광고제', 미국 실리콘밸리의 '마음 챙김 명상컨퍼런스' 등 잘 알려지지 않은 곳에 다녀온 직장인이 강연자로 나선다.

'월간 서른'은 '10년 후를 준비하는 30대 직장인들의 모임'이다. 창업이나 1인 사업을 고민하는 또래 세대와 노하우를 나누는 자리다. 현실감 있는 정보를 나눌 수 있어 인기가 많다. 이외에도 공부의 자리는 넘친다. 공부를 하고 싶은가. 공부의 장은 이미 열려 있다. 공부를 같이 할 사람을 찾고, 도와줄 사람을 찾아라. 그것이 공부의 시작이다.

평생 공부

경제협력개발기구(OECD) 회원국의 평균 정년은 남자 64.3세, 여자 63.7세다. 그 나이까지 회사를 다닐 수 있으면 다행이다. 명예퇴직의 나이는 점점 어려지니까. 50대면 명퇴의 반열에 들고, 요즘은 40대도 안심할 수 없다. 평균 연령 80세가 넘어가는 시대에 50대에 회사를 나온다면, 최소 30년의 시간을 밖에서 보내야 한다는 말이다. 태어나서 학교 졸업하고 결혼까지 할 시간 아닌가. 긴 시간동안 우리는 무엇을 할 것인가.

그나마 회사 사정이 좋아 죽기까지 충분히 먹고 살만한 퇴직금을 받았다고 치자. 돈만으로 30년을 보낼 수 있을까. 처음에는 여행 다니고, 골프도 치고, 맛있는 것도 먹으면서 잘 지내겠지만, 1~2년 있으면 몸이 근질근질할 것이다. 그렇기에 요즘 직장인의 대부분은 회사에 있을 때부터 이직이나 명퇴 이후를 준비한다. 문제는 준비가 안 된 상태에서 다시 사회로 나온다는 것이다.

또한 이제는 과거처럼 한 가지 직업으로 평생을 사는 것이 아니라, 평생 몇 번씩 직업을 바꾸며 살아가게 된다. 사회학자들은 가까운 미래의 인류는 3개 이상 영역에서 5개 이상의 직업과 19가지 이상의 직무를 경험하게 될 것이라고 예측하고 있다. - 박영록, 『나는 매일 퇴사를 결심한다』

한 직장으로 평생을 살아갈 수 없는 시대가 된 것이다. 자영업도 마찬가지다. 1년 후를 예측할 수 없다. 잘 된다 하더라도 다음 사업을 준비해야 한다. '막연히 잘 되겠지'라는 생각으로 넋 놓고 미래를 기다릴 것인가. 아니면 미래의 안위를 위해 열심히 공부할 것인가. 지극히 현실적인 이유로 공부해야 하는 것이다.

처형은 고등학교 교사이다. 꽤 안정적인 직장이라 할 수 있다. 그런데도 공인중개사 자격증을 따기 위해 공부한다. 보다 확실한 미래를 위해서란다. 전에는 공인중개사는 어르신이나 따는 자격증이었다. 요즘엔 3~40대 직장인의 응시율이 폭등한다. 언제 퇴사하더라도 바로 일을 시작할 수 있기 때문이다.

자신이 지금 하고 있는 일의 관련 자격증을 딸 수도 있다. 특히 그런 자격증은 퇴사 이후뿐 아니라 당장의 승진과 업무에 도움이 된다. 내 후배 중 하나는, 좀 늦은 나이인 29살에 보험설계사를 시작했다. 그의 전략은 개척 영업이었다. 즉, 지인을 대상으로 영업을 펼친 게 아니라, 택시 회사나 시장을 찾아가서 영업을 했다. 전문성이 부족하다는 생각에 스스로 유료보험 강의를 듣고, 휴일에도 지방에 내려가

강의를 듣는 등 보험약관을 치열하게 공부했다. 보통 보험설계사들이 1년을 못 넘긴다고 하는데, 얼마 전에 2년이 되었다. 그것도 꽤 좋은 성과로. 얼마 전엔, 개척영업에 대한 강의를 하기도 했다. 자신의 일을 잘 할 수 있도록 공부에 매진한 결과다.

자신의 일을 하기 위해 창업에 뛰어드는 사람도 많다. 창업도 잘 준비해야 한다. 단순히 뜨는 업종이기에 열정만 갖고 섣불리 달려든다면, 실패할 확률이 높다. 가능성이 있는 업종인지 냉정하게 살펴봐야 한다. 자신이 그 업종에 맞는지도 확인하고, 전문적으로 운영할 수 있도록 철저하게 교육받아야 한다. 수익은 어떻게 낼 것인지, 초기 자본은 어떻게 마련할 것인지, 최소 1~2년 운영할 자금은 있는지 꼼꼼히 살펴봐야 한다. 즉, 창업도 잘 '공부'해야 한다.

자신의 성장과 배움을 위해, 또한 미래를 위해 우리는 끊임없이 공부해야 한다. 평생 공부다. 혹시 공부하고는 싶은데, 언제 공부하냐고 투정부리진 않는가. 하루 24시간 중에 의미 없이 흘러간 자투리 시간을 세어 보라. 출근과 퇴근 시간, 점심 식사 후, 은행 업무 중 자기 차례를 기다릴 때, 사업 미팅에서 상대를 기다릴 때, 퇴근해서 저녁 먹고 잠자리에 들기까지... 하물며 주 52시간 일하는 시대에 시간을 어떻게 활용하고 있는지 한번 점검해 보는 것도 나쁘지 않을 것이나.

시간이 많아서, 시간이 남아돌아서 공부하는 사람은 없다. 대신, 자신의 시간을 알차게 사용하는 것뿐이다. 남들과 똑같이 주어진 시간을 무서운 집중력으로 채워가는 것이다. 나는 지금 한자를 공부하고 있다. 자격증을 따기 위해서 시작한 건 아니다. 우연히 어떤 단어를 보았는데, 뜻이 너무 재미있어서 공부하게 되었다. 정해진 시간이 아니라 틈나는 대로 공부한다. '이 단어가 원래는 이런 뜻이었구나.'를 깨달을 때 기쁘다. 이런 공부가 삶의 활력이 된다.

흔히 "공부에는 왕도가 없다."라는 말을 한다. 왕도는 '어떤 어려운 일을 하기 위한 쉬운 방법'이란 의미이다. '공부에는 쉬운 방법이 없다'라는 말이겠다. 시작하기만 하면 더 이상 어렵고 힘든 길은 아닐 것이다. 자신만의 공부법을 찾고, 공부를 시작할 당신을 응원한다.

책 읽기, 나를 살게 하는 힘

지금 하고 싶은 이야기는 책에 대해서다. 벌써부터 당신의 반응이 그려진다. "또 책이야? 책 읽는 게 중요한 거 안다고! 막상 읽으려고 하면 일이 생기고...", "아침 일찍 출근하고, 야근이 한 달에 몇 번이나 되는데..." 책을 읽지 못하는 수십 가지 변명과 핑계가 나온다. 공감한다. 나 역시 그랬으니까. 나도 그런 변명을 대고 있었으니까. 그럼에도 책에 대해 말을 꺼내 본다.

왜 책을 읽어야 할까? 독서는 지난한 현실을 버티고, 앞으로 나아갈 힘을 준다. 초등학교 때가 떠오른다. 처음엔 할머니 손에 끌려갔지만 책에 흥미가 있어서인지 도서관에서 책을 빌려 읽었나. 무서울 정도로 읽었다. 다독상이란 다독상은 휩쓸었다. 책을 많이 읽는다고 어린이 잡지에도 나오고, TV에도 나왔다. 아마도 일찍 돌아가신 아버지 때문에 헛헛한 마음을 책이 채웠던 것 같다. 하지만 아쉽게도 중학생 때부터 책에 대한 열망이 사그라졌다.

그 뒤로 다시 독서에 열중한 건 미래가 불분명했던 30대 중반이었다. 살아야 했기 때문에 읽었다. 시간이 안 나도 읽었다. 여전히 미래는 불투명했지만, 마음은 불안하지 않았다. 책의 힘이었다. 그때부터 일 년에 150권 이상은 읽고 있다. 지금은 많이 읽는 것도 중요하지만, 어떻게 하면 한 권이라도 잘 읽을 수 있을지 고민한다. 더불어 책 읽기가 중요하다고 주위 사람에게 적극적으로 알리고 있다.

책을 읽으며 다른 사람이 줄 수 없는 위로를 받았고, '지금 그대로도 괜찮아'라는 격려를 받았다. 읽기 전과 읽은 후의 나는 미비할 지라도 무언가가 변해 있었다. 박총 작가가 "고단한 삶을 견디는 동안 이 지상에서 유일하게 바라는 보상은 책읽기다."(『읽기의 말』)라고 말한 것처럼 책읽기는 그 자체로 든든한 힘이 되고, 어느 것과 바꿀 수 없는 즐거움을 준다.

혼자가 아님을 깨닫다

책은 타인과 공감을 갖게 한다. 각박한 세상에 혼자가 아니라, 누군가와 같이 살아가고 있다는 것을 깨닫게 된다. 한마디로 타인의 처지에 내가 있어 보고, 타인의 마음에 공감하게 된다. 소설가 공지영 씨의 르포르타주 『의자놀이』. 쌍용 자동차 정리해고자에 대한 이야기이다. 무고해직된 사람이 455명에 달했다. 이들 대부분은 외상 후 스트레스 증후군에 걸렸고, 30명이나 자살했다. 뉴스에서 그냥 흘려들었던 내용이었는데, 책을 통해 그들의 아픔과 상황을 조금이나마 헤아릴 수 있었다. 과연 나라면 어땠을까? 내 가족이 그런 상황이었다면....

책읽기를 통해 우리는 타자를 만난다. 내가 다른 사람의 삶을 살 수 있다는 것, 다른 사람이 될 수 있다는 것, 이것이야말로 독서가 우리에게 가져다주는 가장 특별한 혜택이다. - 김무곤, 『종이책 읽기를 권함』

또한, 책읽기를 통해 내가 미처 살지 못하는 다른 사람의 삶도 살아볼 수 있다. 나는 소설을 많이 읽는다. 흔히들 말한다. "소설 왜 읽어야 하지?", 혹은 "더 소설 같은 현실에서 소설은 읽어 뭐해?"라고. 답을 하자면, 소설은 우리가 사는 삶을 반영한다. 소설 속 인물은 허구일지 몰라도 완벽한 허상은 아니다. 주위에서 흔히 볼 수 있는 사람들의 모습과 겹쳐 온다. 시대는 달라졌어도 다시금 소설을 펼치는 이유가 여기 있다. 그들의 고민과 행동을 살펴보면 본질은 똑같다. 『레미제라블』을 과거의 이야기로만 치부할 수 없다. 지금도 똑같이 '불쌍한' 사람이 있다는 걸 깨달으며 그들을 향한 따스한 시선을 품게 된다.

소설을 읽으면, 타인이라면 다양한 상황과 특정한 경우에 어떻게 행동하는지를 간접적으로나마 경험하게 해주고 감정을 이입하게 해줍니다. 인간의 실존적인 상황, 그 한계를 좀 더 체계적이고도 집중적인 설정 속에서 인식하게 하고 숙고하게 만들죠. - 이동진, 『이동진 독서법』

마지막으로 독서는 그 자체로 생각을 확장시킨다. 끊임없이 생각하게 한다는 말이다. 김영하 작가는 이렇게 말한다.

책을 읽는 것은 매우 능동적일 수밖에 없는 작업입니다. 1) 눈으로 글자를 읽고 손으로 책장을 넘기면서, 2) '지금 무슨 일이 일어나고 있는가'를 파악하고, 3) 동시에 '앞으로 무슨 일이 일어날 것인가'를 예측합니다. - 김영하, 『읽다』

요즘 같은 스피드 시대에 책을 읽는다는 것은 비효율적이고 심지어 미련하다고도 말할지 모른다. 보통 한 권을 읽는 데 서너 시간 이상 걸린다. 스마트폰으로 빨리 검색하는 시간, 동영상 보는 시간에 비하면 수십, 수백 배의 시간과 노력이 필요하다. TV를 켜면, 여러 강연 프로그램이 방영된다. 예능에 인문학을 가미한 프로그램도 있다. 이런 프로그램을 통해 인문학을 접하고, 교양을 쌓는다고 말하는 사람도 있다.

그럼에도 우리는 책을 읽어야 한다. 읽는 동안 우리는 끊임없이 생각한다. 작가가 책에서 무슨 말을 하는지, 무엇을 주장하는지 계속 생각할 수밖에 없다. TV 같은 영상 매체의 강의는 당장은 뭔가 배운다고 생각할지 모르지만, 철저하게 수동적으로 내용을 받아들이게 된다. 책은 다르다. 책을 읽으며, 계속 저자와 대화하며 의문점을 제시하는 것이 가능하다. 아니, 꼭 그렇게 읽어야 한다.

일단 읽어라

　얼마 전에 직장생활 하는 친구를 오랜만에 만났다. 매일 야근에, 출장에 쉴 새 없이 바쁘게 지내고 있었다. 어쩌다가 책 이야기가 나왔는데, 친구는 이렇게 말했다. "바빠서 정말 읽을 시간이 없네." 그 앞에서 책을 읽어야 한다고 감히 말은 하지 못했다.

　그럼에도 읽어야 한다. 바쁘다고 책을 읽지 못하면, 영원히 손에 책을 잡지 못할 것이다. 일단, 쉽고 자신이 좋아하는 분야의 책을 선택하라. 가벼운 게 낫다. 되도록 사는 것이 더 좋다. 그래야 내 책이라는 확실한 인식이 생긴다. 그 책을 항상 가지고 다니라. 여유생길 때마다 읽는 것이다. 전철을 기다릴 때 읽고, 회사 미팅 전에 사람을 기다리면서 읽고, 점심 먹고 잠깐 읽고, 잠자리 들기 전에 읽어라. 한마디로 짬이 날 때마다 읽는 것이다.

　나는 서울에서 직장 다닐 때, 사람 많기로 악명 높아 지옥철이라 말하는 9호선 급행에서도 읽었다. 신기한 건 바쁜 상황에서도 점점 읽을 시간이 늘어났다는 것이다. 읽을 마음이 있으니까 어떻게든 시간이 생겼다. 읽고 있던 책의 나머지 내용이 궁금해 점심을 빨리 먹고 읽었고, 어떨 때는 아예 도시락을 싸와 먹으면서 읽기도 했다.

　혼자가 어려우면, 같이 읽는 것도 좋은 방법이다. 마음이 맞는 사람들과 독서 모임을 해 보라. 한 달에 한두 권 책을 선정해서 같이 읽는 것이다. 모임에 나와야 되니, 읽어야 하는 책임이 생긴다. 읽은 책의 느낌을 서로 나누면서, '저 사람은 저렇게 책을 읽었구나.' 하며 내가 미처 보지 못한 부분도 만날 수 있다.

노동 시간이 단축되었다. 이제 '저녁 있는 삶'이 가능해진 것이다. 누구나 비슷한 스마트폰을 쓰고, 비슷한 노트북을 쓴다. 비슷한 삶의 양식을 갖고 살아간다. 이처럼 획일화된 삶을 살아갈 때, 진정한 나를 찾는 방법은 무엇일까. 어떻게 하면 세상의 가치에 휘둘리지 않고 나만의 독특한 문화를 만들어갈 수 있을까?

책이다. 책에서 찾을 수 있다. 사람들이 '빨리 빨리'를 외치며 효율성과 속도를 따질 때, 느긋하게 책장을 펼치는 것. 당장은 늦을지 몰라도 제일 빠른 길, 확실한 길이 될 것이다. 같이 읽어보지 않겠는가.

글쓰기, 나를 치유하는 시간

"글을 쓰십니까?" 이런 질문을 받는다면, 어떤 대답을 하겠는가. 열의 아홉은 아니라고 대답할 것이다. 이유를 묻는다면, 몇 가지로 나눌 듯하다. '시간이 없어서요.', '글을 못 써서요.', '뭐를 써야 할지 모르니까.' 그것도 아니면 '왜 써야 하나요?'까지... 아침 일찍 일어나 나가기에 바쁘고, 종일 업무와 야근에 시달리다 집에 들어와 잠자리에 드는 직장인. 글을 쓰냐고 그들에게 묻는 건 무례할 지도 모른다. 그럼에도 내가 이 글을 쓰는 이유는 여기 있다. 써야 살 수 있다고.

나는 10년간 다른 일을 하다가 지금은 문구점을 운영하고 있다. 물건의 가격도 잘 모르는 상태에서 시작했던 나는 손님이 오면 허둥대기 일쑤였다. 적응되려니 나의 머리로는 도무지 이해할 수 없는 손님들이 생겼다. 물건을 훔쳐가는 아이도 종종 있었다. 조금씩 스트레스는 늘어났고, 결국 직업 자체에 회의가 생겼다. '내가 지금 뭐하고 있는 거지?' 한숨만 늘었다. 그때 나를 구원한 것이 글쓰기였다. 틈틈이 소소한 일상을 적은 에세이를 썼다. 힘들었던 얘기와 에피소드를 글로 쓰니 신기하게 마음이 해소되는 게 아닌가. 무언가 막혔던 것이 뚫리는 기분이랄까.

　글을 쓸 때 누군가와 대화 하고 있다는 느낌을 갖기도 한다. 대화의 상대는 일기장이나 나만의 블로그일 수도 있고, 또 내면 깊숙이 감지되는 어떤 존재이기도 하다. 대화를 나누는 동안 고통을 혼자 짊어져야 한다는 외로움은 서서히 사라지고, 비로소 나는 안온해진다. - 박미라, 『치유하는 글쓰기』

　이처럼 글은 살아 움직여 나에게 말을 건넸다. 내가 글을 썼지만, 차차 글이 나를 어루만졌다. 글을 쓰는 순간, 나의 해묵은 감정과 분노는 배설되는 것과 같았다. 항상 어수선하고 분주하던 마음도 평안해졌다. 예전처럼 스트레스를 많이 받지 않았고, 일을 하는 것도 즐거워졌다. 그런 글을 개인 블로그와 〈오마이뉴스〉에 올렸다. 그러니 이번에는 공감이 찾아왔다. 생면부지의 사람이 나를 응원해 주고, 힘들었겠다고 맞장구쳤다. 주위에서도 글 잘 쓴다고 칭찬해 주었다. 더 신나서 글을 썼다. 신기하게도 글 섭외가 찾아왔다. 몇 군데의 잡지에 글을 올렸고, 이렇게 책까지 쓰고 있다.

꾸준함의 힘

　글을 쓸 때, 중요한 건 꾸준히 쓰는 것이다. 나도 매일 같은 시간에

쓰지는 못한다. 시간이 나거나 마음의 여유가 생길 때 쓴다. 그렇게라도 쓰는 게 어디냐고 자위하면서... 『리추얼』이라는 흥미로운 책이 있다. '리추얼'(ritual)은 의식이라는 뜻인데, 일상의 방해로부터 나를 지키며 삶의 에너지를 불어넣는 반복적 행위를 말한다. 이 책은 지난 400년간 위대한 창조자로 손꼽히는 161명 지성의 결정적 리추얼을 소개한다. 이들은 강박적으로 보일만큼 매일 같은 시간에 '무언가'를 한다. 산책을 하고 밥을 먹는다. 목욕을 하고 커피를 마시기도 한다. 하지만 이들이 무엇보다도 많이 했던 것이 바로 '쓰기'이다.

서머싯 몸은 하루에 1,000~1,500 단어를 쓰겠다는 목표를 세우고 매일 아침 서너 시간씩 작업했다. 조르주 심농은 아침 6시에 일어나 커피를 끓이고는 6시 30분부터 9시 30분까지 글을 썼다. 조지 오웰은 아침과 이른 오후의 네 시간 반 동안 글을 썼다.

문학의 거성 톨스토이는 『전쟁과 평화』를 집필하던 1860년대 중반, 일기에 이렇게 적었다. "나는 하루도 빠짐없이 글을 써야 한다. 성공적인 작품을 쓰기 위해서가 아니라 일상의 습관을 버리지 않기 위해서이다."

매일 같은 시간에 어떤 행동을 하면, 몸이 기억하게 된다. 뇌가 반응하게 된다는 말이다. 새벽에 운동하기 위해 알람을 맞췄던 적이 있을 것이다. 첫날은 정말 힘들다. 일주일은 힘들 것이다. 날이 갈수록 일어나는 것이 개운해진다. 나중에는 그 시간이 되면 저절로 눈이 떠지고, 그때 일어나지 않으면 기분이 이상하다. 그것이 습관의 힘이다.

조금씩 글을 써 보라. 처음엔 어색하고 무슨 글을 써야 할지 모를 것이다. 하루 지나고, 일주일 지나고, 몇 개월이 지나면 글 쓰는 것이 익숙해진다. 몸이 기억을 하는 것이다. 나중에는 안 쓰면 더 이상하다. 쓰는 사람으로 변했으니까. 습관이 된 것이다.

지금 이 자리에서

혹자는 이렇게 말할지 모르겠다. 작가들이니까 저렇게 글을 쓰는 게 당연한 것 아니냐고. 물론 그들은 글 쓰는 데 많은 시간을 투자했을 것이다. 그렇지만 우리가 쓰는 하루 24시간을 자세히 살펴보자.

버스, 지하철에서 대부분이 스마트폰을 손에 들고 있다. 통화하거나 무엇을 검색하지도 않으면서도 습관적으로 들고 있다. 집에선 어떠한가. 저녁을 먹으면서 TV를 켠다. 자기 전까지 쭉 켜놓는다. 볼 프로그램이 없는데도 리모컨으로 계속 채널을 돌린다. 그렇게 우리는 하루에도 많은 시간을 허비한다. 그 시간만 잘 활용해도 글 쓸 시간은 충분히 확보된다.

언제 글을 써야 하는지 정답은 없다. 아침에 집중이 잘 되는 소위 아침형 인간은 아침에 일어나서 출근하기 전까지 쓰면 된다. 퇴근 이후가 여유로워서 좋겠다는 사람은 저녁 먹고 나서 쓰면 된다. 이것도 아닌 사람은 점심에 빨리 식사하고 잠깐씩 쓰면 된다.

무엇을 쓰냐고? 아무런 제약이 없다. 소소한 일상을 써도 되고, 일기를 써도 된다. 말도 안 되는 낙서라도 괜찮다. 일단 쓰는 것이 중요하다. 정말로 무언가를 쓰고 싶은데, 무엇을 써야 할지 모르겠다면 같이 써 보는 것을 추천한다. 나는 몇 년 전에 글쓰기 학교에 참여한 적

이 있다. 1년 동안 일주일에 한 권씩 읽고, 한 편씩 썼다. 격주에 한 번 씩 만나서 자신이 쓴 글을 읽었다. 처음에는 부끄러웠지만, 내 글에 다른 사람이 열렬히 박수를 쳐 주는 것 아닌가. 큰 격려가 되었다. 그 때의 기억과 경험이 지금 글을 쓰는 원동력이 되었다. 또한, 지금 한 후배와 같이 글쓰기를 한다. 자신이 쓴 내용을 메일로 주고받는다. 그 러면, 상대방의 글에 코멘트를 달아 준다. 아무래도 혼자 쓰는 것보다 둘이 쓰니 책임감도 생기고 글을 쓰는 재미도 생긴다.

동네책방이 지역마다 있다. 책방에서는 다양한 글쓰기 모임을 운 영한다. 자신의 스토리 쓰기, 소설 쓰기, 시 쓰기, 서평 쓰기... 자신 의 입맛에 맞춰 참여하면 된다. 글 쓰는 방법도 자유다. 전통적인 방 식으로 노트에 쓰는 사람도 있다. 그렇지만 수정과 첨가가 쉽지 않기 에 컴퓨터에 쓰는 사람이 많다. 스마트폰에 쓰는 것도 괜찮다. 출퇴 근 시간에 간단히 메모했다가 나중에 글로 발전시키면 된다.

그렇다면 이제 마지막 질문. '어떻게 하면 글을 잘 쓸 수 있을까?' 서점을 가보면, 글쓰기 관련 책이 한데 모여 독자를 기다리고 있다. 인터넷에서 〈글 잘 쓰는 법〉을 검색해 봐도 방대한 양의 자료가 나올 것이다. 모든 책과 자료를 읽어보는 것도 중요하지만, 확실한 비법이 있다. 쓰는 것이다. 앞에 한 가지만 덧붙이면 좋겠다. '지금'. 미루지 말고 지금 쓰자. 한 작가는 글쓰기를 이렇게 말한다.

"좋은 글은 저절로 될 수 있는 일도 아니고 그렇다고 절대로 할 수 없는 일도 아닙니다. 글쓰기는 끊임없이 반복되는 도전으로 내가 지 금껏 했던 그 어떤 일보다 어려운 일이지요. 그래서 나는 글을 씁니

다. 그리고 글이 잘 써질 때 저는 행복하답니다." - 어니스트 헤밍웨이,

『헤밍웨이의 글쓰기』

  이제 당신의 차례이다. 쓸 텐가?

운동, 내 삶의 기본 만들기

나는 일요일 오후에 배드민턴을 친다. 작년 4월부터 시작했으니, 10개월이 되었다. 운동을 죽기보다 싫어하는 내가 10개월이나 운동하다니... 나를 아는 사람이라면 놀랄 것이다. "네가 운동을?"

운동복으로 갈아입고, 배드민턴 신발을 신는 순간 새로운 마음가짐이 된다. 비장함도 생긴다. 마치 국가대표라는 되는 듯. 한두 게임을 치면서 점점 라켓과 하나 되어간다. 샤워를 한 듯 머리카락은 젖고, 가쁜 숨을 몰아쉬고, 라켓을 들 힘도 없어질 때쯤이면 정신은 새로워진다. 적어도 그때만큼은 나를 짓누르고 있던 스트레스와 각종 공과금, 사소한 걱정거리는 생각나지 않는다.

배드민턴을 시작했던 이유는 건강 때문이었다. 이삼십 대에 몸 관리를 제대로 못한 결과를 톡톡히 보고 있다. 초기 비만에 혈압이 높아 혈압 약을 먹고 있다. 중성지방과 간수치도 높아 약이 점점 늘었다. 이래선 안 되겠단 생각에 가까운 산에 등산해 보고, 헬스장에 등록도 해 보았다. 아무리 길어 봤자 한 달 남짓이었다. 그러던 차에 지인의 권유로 배드민턴을 시작했고, 나와 잘 맞는 운동이라는 생각에 지금까지 해오고 있다.

직장인의 대부분은 운동의 필요성을 절감한다. 기본적인 헬스 기구가 준비되어 있는 직장에서는 업무 전이나 점심시간에 열심히 땀을 흘린다. 부지런한 사람은 새벽에 수영을 한 후, 출근한다. 자전거를 타고 출근하기도 한다. 그렇지만, 대다수 많은 사람들은 운동의 필요성은 고백하지만, 제대로 운동을 하지 못한다. 계속되는 작심삼일 때문에? 아니면 게으르거나 의지가 약해서?

나를 이기는 법

일본의 유명한 작가 무라카미 하루키. 그와 빼놓을 수 없는 것이 마라톤이다. 그는 세계 어느 나라에 가던지 달리기를 쉬지 않는다. 보통 하루에 10Km를 뛰며, 완주까지 할 정도로 마라톤 광이라 할 수 있다. 게다가 철인3종 경기까지 뛰었다. 그는 이렇게 말한다.

달린다는 것은 나에게 있어 유익한 운동인 동시에 유효한 메타포(metaphor) 이기도 하다. 나는 매일매일 달리면서 또는 마라톤 경기를 거듭하면서 목표 달성의 기준치를 높여가며 그것을 달성하는 데에 따라 나 자신의 향상을 도모해 나갔다. 적어도 이루고자 하는 목표를 두고, 그 목표의 달성을 위해 매일매일 노력해왔다. 나는 물론 대단한 마라톤 주자는 아니다. 주자로서는 극히 평범한-오히려 그저 평범한 주자라고 할 만한-그런 수준이다. 그러나 그건 전혀 중요한 문제가 아니다. 어제의 자신이 지닌 약점을 조금이라도 극복해가는 것, 그것이 더 중요한 것이다. 장거리 달리기에 있어서 이겨내야 할 상대가 있다면, 그것은 바로 과거의 자기 자신이기 때문이다. - 무라카미 하루키, 『달리기를 말할 때 내가 하고 싶은 이야기』

그에게 있어 운동이란 단지 육체만을 위한 것이 아니다. 운동을 통해 그는 몸을 단련시킬 뿐 아니라 자신의 약점을 극복할 수 있었다. 땀을 흘리며 얻은 건강과 자기 성찰은 지속적으로 작품을 쓰게 하는 원천이 되었을 것이다. 그에게 운동은 부차적인 것이 아니다. 어쩌다 시간이 나면 하는 것이 아니라 꼭 해야만 하는 것이다. 흔히 말하는 우선순위의 맨 윗자리에 두는 것이다.

혹자는 '마라톤? 하루키니까 뛰는 게 아니겠어?'라고 생각할지 모르겠다. 평범을 넘어선 비범의 경지에 이른 작가이기에 정신력이 뛰어날 것이고, 그러니까 마라톤이 가능하다고 생각할지 모른다. 그렇다면, 당신과 같은, 아니 당신보다 강하지 않은 체력을 가진 사람은 어떠할까.

편집자 이영미 씨. 그는 수많은 베스트셀러를 탄생시켰다. 하루 종일 책에 둘러싸여 책상 앞에서 씨름하던 소위 저질체력 사무직 노동자라 할 수 있다. 그는 30대에 고혈압 진단을 받는다. 충격으로 조금씩 운동을 시작했다. 결국 40대에 철인 3종을 완주한다. 그의 고군분투를 담은 책, 『마녀 체력』이 인기를 얻고 있다. 그는 『미생』의 유명한 대사를 인용하며 말한다.

"네가 이루고 싶은 게 있거든 체력을 먼저 길러라. 평생 해야 할 일이라고 생각되거든 체력을 먼저 길러라. 게으름, 나태, 권태, 짜증, 우울, 분노, 모두 체력이 버티지 못해서, 정신이 몸의 지배를 받아 나타나는 증상이야."

정신력을 뒷받침하는 것은 체력이다. 날이 선 정신노동자로 길게 살려면 무엇보다 체력부터 키워야 한다. 체력이야말로 죽는 그 순간까지 키우고 유지해야 할 일생일대의 프로젝트다. 이제 좀 설득이 되는가? - 이영미, 『마녀 체력』

나 역시 운동을 시작하면서 조금씩 몸이 건강해짐을 느낀다. 환절기마다 나를 괴롭혔던 비염도 사그라졌고, 감기도 줄었다. 가게에서도 전보다 화를 덜 내고, 마음이 안정되었다. 운동의 효과가 나타나고 있다. 얼마 전부터는 하루에 한두 잔 마시던 믹스커피도 끊었다. 조금이나마 뱃살이 들어가길 기대한다.

이젠 시작할 때

아파서 병원에 가 본 기억이 다들 있을 것이다. 그때는 "꼭 운동하겠습니다, 살 빼겠습니다."라며 의사 앞에서 고해성사를 한다. 병원을 나오자마자 온갖 바쁘고 중요한 업무들이 들이닥친다. 결국 다시 운동은 뒷전.

흔히 운동을 너무 어렵게 생각하는 경향이 있다. 그래서인지 운동을 계획했다가 도중에 그만두면 좌절한다. '역시 내가 그렇지 뭐' 생각하며 운동과 담 쌓기 일쑤다. 영화보기나 독서 같은 취미로 운동을 생각하면 어떨까. 하다가 그만 두었다면, '나와 안 맞나 보다'하고 다른 운동을 하면 된다. 그렇게 몇 번 하다가 자신에게 맞는 운동을 찾고, 그것을 꾸준히 하면 된다.

체육관이나 수영장에서만 운동한다는 고정관념도 버리자. 버스와 전철로 출퇴근한다면. 만보기 어플로 걸음을 측정해 보라. 걸음수가 상당할 것이다. 그 시간만 활용해도 충분한 운동이 된다. 한 후배는 퇴근할 때 일부러 한두 정거장 먼저 내린다. 거기서 집까지 걸어오기 위해서이다. TV를 보더라도 멍하니 앉아 있는 게 아니라, 요가나 스트레칭을 하며 볼 수도 있다. 직장에서도 휴식 시간에 간단한 스트레칭을 하면, 경직했던 몸과 마음이 스르르 풀리는 경우가 있다.

가끔 〈세상에 이런 일이〉 같은 TV 프로그램을 보면, 연세가 80~90세임에도 정정하신 분들이 나온다. 그분들의 비결을 보면, 대단한 것은 없다. 돈이 많이 드는 운동을 하신 것도 아니고, 산해진미를 드신 것도 아니다. 그분들은 그저 밥 세 끼 잘 드시고, 매일 꾸준히 운동을 하셨다. 운동도 쉽게 할 수 있는 팔굽혀펴기, 달리기 등이다. 이들을 보면, 잘 웃고 밝다. 건강하기 때문에 자연스레 자신감도 생기고 밝은 성격을 가졌으리라...

'태어날 때는 순서가 있지만 죽을 때는 순서가 없다'는 옛말이 있다. 부모님께서 주신 몸을 잘 관리하는 것이 자식 된 도리임은 분명하다. 나만을 바라보는 가족을 위해서라도 몸을 단련해야 한다. 여기에서 더 나아가 반드시 운동해야 할 이유가 있다. 행복하기 위해, 가치 있고 알찬 삶을 위해 운동은 필수다. 묵혀놨던 운동복을 꺼내고 신발 끈을 조여 매자. 여태까지 실패했어도 괜찮다. 오늘부터 시작하면 된다.

혼자 있기, 오직 나를 위한 시간

'혼밥족'. 혼자 밥을 먹는 사람들을 가리키는 말이다. 이들은 어색한 사람들과의 불편한 관계에서 벗어나 여유를 즐기고 싶어 혼밥을 한다. 전에는 혼자 밥 먹는 사람을 이상하게 여겼지만, 혼밥족은 눈에 띄게 많아졌다. 이들을 배려해 칸막이가 설치된 음식점이 늘어났고, 편의점 도시락은 다양화, 고급화되었다. 유사한 맥락으로 혼자 술 마시는 것을 '혼술', 혼자 노래 부르는 것을 '혼곡', 혼자 노는 것을 '혼놀'이라고 한다.

노래방도 예전과 같이 무리 지어 가지 않는다. 코인노래방이 대세가 된지 오래다. 혼자서 짧게 몇 곡 부를 수 있는 노래방이다. 무슨 노래를 부를지 남의 눈치를 보지 않아도 되고, 끝까지 부르든 1절에서 멈추든 나의 자유다.

'소확행'이라는 말이 유행이다. '소소하지만 확실한 행복'이라는 뜻이다. 대부분의 직장인은 아침부터 저녁 늦게까지 업무와 상사에 시달린다. 영원한 내 편이 되어야 할 가족은 어떤가. 너무 많은 관심이 독이 되어 귀를 닫고 싶을 때가 적지 않다. 오죽하면 명절에 가족, 친척과 만나지 않고 혼자 지내고 싶다는 말이 나오겠는가.

인스타그램에서 소확행을 검색하면 맛있는 것을 혼자 먹거나 좋은 곳에서 혼자 찍은 사진이 수두룩하다. 익숙한 환경을 벗어나 혼자만의 시간을 갖는 것이 소확행의 시작임을 알 수 있다. 소확행과 비슷한 단어 중에 '휘게'(hygge)라는 말이 있다. 덴마크어로 '편안함, 따뜻함, 아늑함'이란 뜻이다. 가족이나 친구와 함께, 또는 혼자서 보내는 소박하고 여유로운 시간을 말한다. 일상의 소소한 즐거움이나 안락한 환경에서 오는 행복을 뜻하기도 한다.

현대의 휘게는 순간에 완전히 몰입하는 것을 필요로 한다. 소소한 기쁨을 중요하게 여기며, 우리가 우리의 행복에 관심을 기울여야 한다는 사실을 인정하는 것이다. - 샬럿 에이브러햄스, 『오늘도 휘게』

우리는 혼자 산책을 하며 휴식을 즐기며, 맛있는 음식을 만들어 먹는다. 주말에는 자신만의 취미생활을 즐긴다. 휴가를 내어 평소에 가고 싶었던 곳으로 떠나기도 한다. 누군가와 함께하는 시간도 중요하지만, 이제는 혼자 있을 때 어떤 시간을 보내느냐가 행복의 척도가 된 것이다.

요즘 베스트셀러를 봐도 그렇다. 『곰돌이 푸, 행복한 일은 매일 있어』, 『하마터면 열심히 살 뻔했다』, 『앨리스, 너만의 길을 그려봐』,

『나는 나로 살기로 했다』, 『자존감 수업』, 『행복해지는 연습을 해요』... 어떤 그림이 그려지는가. 나의 삶이 중요하다는 거다. 그동안 남의 눈치를 보고 남의 입장을 헤아리려 애썼다면, 나에게도 관심을 갖자는 것이다. 나의 내면을 가꾸고, 나의 몸을 단련하고, 나의 시간을 알차게 써보라는 것이다. 혼자인 것이 부끄러운 것이 아니라 오히려 때로는 혼자 있으라고 권면하는 이때, 우리는 혼자 잘 지내는 걸까?

소음에서 벗어나기

우리의 일상을 잠시 들여다보자. 이른 아침, 스마트폰 알람 소리로 눈을 뜬다. 밥을 간단히 먹고 집을 나선다. 길가의 경적 소리, 전철 안내 방송을 들으면서 출근한다. 종일 컴퓨터를 켜놓고 업무를 본다. 전화 통화도 많다. 출근할 때와 마찬가지로 소음 속에서 퇴근한다. 혼밥을 먹으며, 좋아하는 예능이나 드라마를 본다. 그 순간에도 업무 관련 카톡과 SNS 알람은 계속 울린다. 자야겠다. 은은한 ASMR(자율 감각 쾌락반응)을 켠다. 바람이 부는 소리, 연필로 글씨를 쓰는 소리, 바스락거리는 소리를 들으며 잠에 빠진다. 이처럼 우리는 혼자 있어도 혼자가 아니다. 하루 종일 소음과 동행하고 있는 것이다.

현대는 소음의 시대다. 안이고 밖이고 시끄럽다. 도처에 소리가 넘쳐난다. 가장 고요해야 할 가정조차 소음에 점령된 지 오래다. 실내는 채 의미가 되지 않은 온갖 소리들로 가득 차 있다. 얼마나 많은 집들이 텔레비전이 쏟아내는 상업방송의 소음들에 무방비한가를 떠올려보라! 소음들은 집 안의 신성한 에너지를 남김없이 먹어치운다. 그리고 소음들은 나쁜 에너지를 뱉어낸다. 소음의 폭압 속에 현대의 영혼들은 짓눌려 있다. 소음의 시대에 '나'의 말은 '너'에게 미처 가 닿지 못하고 중간에서 소멸한다. - 장석주, 『고독의 권유』

혼자 있는 것의 힘

소음을 더욱 부추기는 것은 스마트폰이다. 우리는 혼자 맛집을 찾아가도 스마트폰과 함께한다. 물론 맛있는 음식이나 멋진 풍경을 찍고, SNS에 올리는 것 자체로 힐링이 된다. 소확행의 기본 요소 아닌가. 하지만 항상 스마트폰을 끼고 다니는 건 지양해야 한다. 때로는 정말 혼자 있어 보는 것이다. 최소한 스마트폰, TV, 컴퓨터 등의 전자기기와 거리를 두라는 말이다. 처음엔 고요한 분위기가 어색할 것이다. 차차 적응되면, 진짜 나만의 시간을 보낼 수 있다.

혼자 있는 시간의 유익을 절절히 느낀 적이 있다. 아이러니하게도 수십 명이 함께 지내는 군대 훈련소 시절이었다. 아침 일찍 기상해서 고된 훈련을 받는다. 저녁 먹고 세면하고 내무반을 정리하고 난 후, 한자리에 모여 수양록을 썼다. 수양복은 군대에서 하루를 돌아보기 위해 썼던 일종의 일기장이다. 오늘 훈련이 어땠는지 썼고, 보고 싶은 친구와 가족의 이름을 썼다. 심지어는 나를 못살게 굴었던 조교의 이름을 쓰기도 했다. 내일 훈련에 대한 두려움도 썼고, 휴가 나가서 먹고 싶은 음식도 썼다. 수십 명이 있었지만, 혼자인 것 같았다. 신기한 일이었다. 모나미 볼펜과 수양록, 나밖에 없는 것처럼 느껴졌다. 훈련소 6주의 시간을 버틸 수 있던 원동력이 그 시간이었음을 나중에 깨달았다. 그 시간이 있었기에 하루를 돌아볼 수 있었고, 소중한 사람을 그리워할 수 있었다. 지쳤던 마음과 몸도 회복되었다. 혼자였기에, 혼자만의 시간을 잘 보냈기에 가능했다.

자신과 마주하는 시간 혹은 자신의 능력을 충분히 키우는 시간을 좀 더 갖자고 말하고 싶다. 뇌를 뜨겁게 달아오르게 하는 지적인 생활이야말로 누구나 경험해야만 하는 '혼자 있는 시간'의 본질이다. - 사이토 다카시, 『혼자 있는 시간의 힘』

사이토 다카시는 일본 메이지대학의 인기 교수이자 유명 작가이다. 그는 서른 살이 넘도록 변변한 직업이 없었다. 그는 재수 생활을 시작한 열여덟 살부터 첫 직장을 얻은 서른두 살까지 철저히 혼자 시간을 보내면서 묵묵히 내공을 쌓았다. 아무도 주목하지 않은 시간을 보낸 후, 그는 서서히 작가로서 성장하기 시작한다. 그는 지식과 실용을 결합한 새로운 스타일의 글로 유명해졌다. 현재 그는 일본에서 촉망받는 베스트셀러 작가이자 획기적인 교육방식을 주장한 인물로 인정받는다. 혼자 있는 시간을 가치 있게 보냈음을 몸소 보여준 것이다. 그는 이 책에서 "적극적으로 혼자만의 시간을 가지면서 자기 안의 샘을 파고, 지하수를 퍼 올려야 한다. 자유롭게 내면에 축적된 내공을 꺼낼 수 있는 사람은 누구에게나 매력적으로 보인다. '혼자여도 괜찮다'는 당당함이 여유로움과 안정감으로 이어지기 때문이다."라고 말한다.

왠지 자신감이 넘치고, 당당한 사람을 만나 보았는가. 아무리 바빠도 여유 있고, 안정적인 사람이 주위에 있는가. 십중팔구 혼자 있는 시간을 가치 있게 보낸 사람일 것이다. 혼자 있는 시간을 잘 보내자. 심심할 수도, 외로울 수도, 재미없을 수도 있다. 그 시간은 분명 좋은 밑거름이 되어 당신의 인생을 꽃피울 것이다.

쉬기, 나만의 퀘렌시아 찾기

세상엔 참 이상한 대회가 많다. 그중, '멍 때리기 대회'가 백미가 아닐까! 말 그대로다. 멍 때리는 것이다. 넋을 놓으면 된다. 대회의 규칙은 간단하다. '아무것도 하지 않는 상태를 오래 유지하는 것'. 대회 참가자들은 심박측정기를 지닌 채 가만히 앉아 시간을 보내야 한다. 대회가 진행되는 3시간 동안 참가자들은 휴대전화 확인, 졸거나 잠자기, 시간 확인, 잡담 나누기, 웃음 등이 금지된다. 이 행사는 2014년 서울광장에서 처음 열렸는데, 현대인의 뇌를 쉬게 하자는 의도로 기획되었다고 한다.

우리는 '빨리 빨리'를 외치며, '고효율'을 말하는 시대에 살고 있다. '멍 때리기 대회'는 얼마나 이 사회가 휴식을 원하고 있는지 보여주는 지표라 할 수 있지 않을까. 휴식은 소수의 전유물이 아니라, 모두가 누려야 하는 필수 요건이 된 것이다.

휴식이 필요하다는 것을 다들 말하고 있지만, 실제로는 어떤가. 〈

회사가기 싫어〉라는 TV프로그램을 흥미롭게 보았다. '당신의 휴가, 안녕하십니까?'편에선 제대로 휴가를 못 누리는 직장인을 보여주었다. 연차 사용은 직장인이 마땅히 누려야 할 권리지만, 실제로 휴가를 쓰기 위해선 넘어야 할 산이 많다. 실제로 휴가 한번 가려면 상사 눈치를 봐야 하고, 혹시나 예기치 못한 일이 터질까 조마조마해야 하는 게 직장인의 현실이다. 한 조사에 따르면, 절반 이상의 직장인이 자신의 연차를 다 사용하지 못한다고 한다.

　다행히 휴가를 받아 여행을 다녀오면 좋은 휴식이 된 걸까? 그런 경우도 있지만, 다녀와서 여행 증후군에 걸리는 경우도 많다. 몇 개월에 한 번씩 가까운 곳으로 가족여행을 다녀온다. 가기 전에는 좋은 여행지를 찾고, 식당을 검색하면서, 나름 기대하며 여행을 기다린다. 막상 가면, 차도 막히고, 사진과 다른 여행지의 풍경에 실망도 한다. 결국 다시 맞닥뜨린 팍팍한 일상에 우울해하며, 다음 여행을 기약한다.

퀘렌시아가 필요해

　'퀘렌시아'라는 말이 있다. 몸과 마음이 지쳤을 때 휴식을 취할 수 있는 나만의 공간을 말한다. 원래 퀘렌시아는 스페인어로 '애정, 애착, 귀소 본능, 안식처' 등을 뜻한다. 투우 경기에서는 투우사와의 싸움 중에 소가 잠시 쉬면서 숨을 고르는 영역을 말한다. 경기 중에 소가 본능적으로 자신의 피난처로 삼은 곳으로, 투우사는 퀘렌시아 안에 있는 소를 공격해서는 안 된다.

퀘렌시아는 회복의 장소이다. 세상의 위험으로부터 자신이 안전하다고 느끼는 곳, 힘들고 지쳤을 때 기운을 얻는 곳, 본연의 자기 자신에 가장 가까워지는 곳이다. - 류시화, 『새는 날아가면서 뒤돌아보지 않는다』

남에게 방해받지 않고 지친 몸과 마음을 재충전할 수 있는 자신만의 공간은 꼭 필요하다. 사람마다 퀘렌시아는 다를 것이다. 카페에 혼자 앉아 쉴 수도 있고, 체력을 단련하는 헬스장이 자신의 퀘렌시아가 될 수도 있다. 요즘 직장인들 사이에서는 '책맥카페'가 유행이다. 책을 읽으면서 가볍게 맥주를 마시는 공간이다. 템플스테이도 즐겨 찾는다. 전통사찰에서 사찰의 일상과 수행자적 삶을 체험해 보는 프로그램이다. 참선, 다도, 발우공양 등의 수행을 하고, 독특하고 다양한 문화체험도 할 수 있다.

나의 퀘렌시아는 도서관이다. 아침에 문구점에서 일을 보고, 낮에 잠깐 쉴 때 간다. 여기 들어서면 바깥 공기와 사뭇 다르다. 모두들 책에 집중하고 공부하는 분위기에 나도 젖어든다. 고민과 걱정은 순간 잊어버린다. 쭉 늘어선 책장마다 빈틈없이 꽂혀 있는 책들도 나를 반긴다. 평소에 보고 싶었던 책을 고른다. 예상치 잃게 툭 튀어나와 "나 좀 읽어줘"하며 인사하는 책도 있다. 집엔 서재가 없기 때문에 도서관이 내 큰 서재라는 생각이 든다. 도서관을 다녀오면, 기분이 상쾌해지고, 하루의 남은 시간을 잘 보낼 수 있다.

고속도로에서 운전하다가 졸리고 피곤할 때가 많다. 휴게소는 수십

km는 더 가야 한다. 그런 상황에서 반가운 곳, 바로 졸음쉼터이다. 이곳에 차를 세우고 십 분이라도 잠을 자고, 스트레칭을 하면 개운해 진다. 목적지까지 안전하게 갈 수 있다. 퀘렌시아가 그렇다. 우리는 이곳에서 가쁜 숨을 고르고, 몸과 마음을 새롭게 할 수 있다. 결국 다시 일터로 나갈 수 있게 한다.

영혼이 쉴 수 있도록

퀘렌시아를 통해 우리는 회복된다. 정기적으로 자신의 안식처를 갈 수 있다면 다행이다. 그러지 못한 경우는 어떠할까. 장렬히 전사해 버릴 것인가. 휴대폰 보조배터리는 콘센트가 없어도 언제 어디서나 충전할 수 있다. 이처럼 쉽게 충전할 수 있는 나만의 방법이 필요하다.

삶의 리듬은 누가 만들어주는 게 아니다. 일이 그렇게 만드는 것만 도 아니다. 내가 적당히 조절하며 때론 밭게 때론 성기게 조절해야 한다. 잠깐의 산책과 짧은 명상만으로도 하루의 리듬은 매우 발랄해 진다. 휴식이나 휴가라는 게 그리 거창한 게 아니다. 틈틈이 자신의 리듬을 만들어내는 것이다. - 김경집, 『생각을 걷다』

휴식이라는 것을 거창하게 생각하지 말자. 꼭 어디 가야지, 꼭 좋은 것을 먹어야지, 꼭 의미 있는 것을 해야지 휴식이 아니다. 있는 자리 에서 잘 쉴 수 있어야 한다. 일을 하다가 스트레칭도 할 수 있고, 잠 깐 밖에 나가 바람을 쐴 수도 있다. 점심시간에 밥을 먹고 카페를 가는 대신, 10분이라도 산책하는 것도 좋다. 소화되고, 햇살을 쬐면서 기분 전환도 될 것이다. 김정운 작가는 이렇게 말한다. "느리게 걷고, 천천히 말하며, 기분 좋은 생각을 많이 해야 한다. 그래야 행복한 거다."(『가끔은 격렬하게 외로워야 한다』)

휴식을 자연스레 내 생활의 일부로 편입시키는 것이다. 걸을 때도, 대화할 때도, 일할 때에도 느긋하게 하는 것이다. 나는 여기에 '잘 먹는 것'을 추가하고 싶다. 우리는 너무 급하게 먹는다. 음식의 맛을 음미하고 사람들과 담소를 나누며 먹는 것이 아니라, 그저 먹는 행위에 급급하다. 하지만 먹을 때만이 우리가 노동에서 해방되고 자유를 느낄 수 있는 시간 아닌가. 그 시간만큼은 일 생각을 내려놓고 온전히 먹는 데 집중해 보자. 한의사 김찬 씨는 이렇게 말한다.

습관적이고 자동화된 방식으로 음식을 먹지 말고 내 앞의 음식에 감사하는 마음으로 먹는다는 행위와 감각에 온전히 집중하며 식사를 하자는 것입니다. 이것은 욕구를 참는 도인의 모습이라기보다는 시간을 들여 맛을 충분히 음미하는 미식가의 모습에 가깝습니다. - 김찬, 『휴식 수업』

충분히 동의한다. 정말로 배고플 때, 밥을 먹어본 적이 있는가. 그때만큼은 진수성찬이 따로 없다. 음식 하나가 내 앞에 오기까지 저절로 오지 않는다. 숱한 사람의 손길이 거쳐 온 것이다. 어떤 마음으로 먹어야 할까. 그저 '때우는' 것처럼 빨리 음식을 먹는 건 어쩌면 그 사람들에 대한 예의가 아닐 것이다.

시간의 여유가 있으면, 집에 사람들을 초대해 보자. 얼마 전, 지인으로부터 치킨 파티를 초대받았다. 네 가정이 모였는데, 치킨 하나에도 모두 즐거운 시간을 보낼 수 있었다. 치킨을 수도 없이 먹어봤지만, 정말 맛있게 먹었다. 같이 먹는 것의 힘 아니겠는가.

또한, 언제 어디서든 명상을 통해 잠깐이라도 쉴 수 있다. 명상은 항상 외부에 집착하고 있는 의식을 안으로 돌려준다. 마음을 정화시켜 심리적인 안정을 갖게 하고, 육체적으로도 휴식을 주어 몸의 건강을 돌보게 한다. 종교적인 이유로 계발되었지만, 지금은 실생활에서도 자주 쓰인다. 가게에서 화가 날 때가 있다. 호흡을 고르게 하고, 마음을 가라앉히려 노력하면 차차 마음이 안정된다. 이처럼 명상은 마음과 몸의 긴장을 이완시키는 효과가 있다.

예전에 이런 글을 본 적이 있다. 인디언들은 말을 타고 급히 가다가도 이따금 말에서 내려 자신이 달려온 쪽을 한참 동안 바라본다고. 왜 그럴까? 행여나 자신의 영혼이 따라오지 못할까봐 영혼을 기다려주는 배려란다. 우리는 너무 빨리 달린다. 그렇게 빨리 달려 맨 앞에 서더라도, 세상이 말하는 성공을 한다 하더라도 영혼이 지쳐 쓰러진다면 무슨 소용인가. 시시때때로 멍 때려도 세상은 아무 일없이 돌아갈 것이다. 잠깐 쉴 수 있다면 그곳이 바로 퀘렌시아가 될 것이다.

만남, 상대를 존중하기

많은 이가 SNS를 한다. 출퇴근하면서, 누군가를 기다리면서, 밥 먹으면서도... SNS는 'Social Network Service'의 약자로, 인터넷을 통해 생각과 정보를 주고받는 서비스이다. 온라인 공간에 글을 올리고, 누군가 올린 글에 댓글을 단다. '좋아요'를 누르기도 한다.

사람들은 SNS로 자신의 존재를 확인한다. 올린 글과 사진에 사람들이 공감해주면, 행복을 느낀다. '좋아요'수와 댓글수가 많으면 왠지 으쓱해진다. 온라인 친구나 팔로워(follower)도 마찬가지. 많으면 많을수록 영향력이 큰 것 같고, 가만히 있어도 배부르다. 반면, 조금이라도 자신의 생각과 다르면 당장 반대를 표현한다. 몇 초 안에 친구삭제를 당할 수도 있다. 혹은 내가 올린 것에 아무런 관심이 없을 수도 있다. 흔히 말하는 '무플'. 즉, SNS에서는 친구로 연결되어 있더라도 철저한 '남'이기도 하다.

'눈'. 컴퓨터로 SNS를 입력하면 눈으로 바뀌는 경우가 있다. 'SNS'

의 한글 자판이 '눈'이라 그렇다. 아이러니하다. SNS에서 왕래하는 사람은 거의 '눈'으로 보지 못한 사람 아닌가. 그럼에도 사람들은 가상적인 온라인 '만남'을 지속한다. 댓글 하나에 일희일비를 느끼며... 그런데, 눈과 눈이 마주보는, 영혼과 영혼이 마주치는 만남을 하고 있는가. 영혼이 깨어난 만남을 한 적은 언제인가.

내게 힘이 되는 만남

2016년, 구인구직 업체 잡코리아와 한 출판사가 함께 직장인 스트레스 현황을 조사했다. 스트레스가 '매우 높다'고 답한 사람은 46.2%였고 '조금 높다'는 답변은 무려 49%였다. 스트레스의 가장 큰 원인이 무엇인지 아는가. 일에 대한 만족도, 업무량, 연봉이 아니다. 상사나 동료와의 대인관계(53%)였다.

나도 예전 직장에서 싫은 사람이 있으면, 일이 더 어렵게 느껴졌다. 반면 똑같은 일을 하더라도, 잘 맞는 사람과 있으면 수월했다. 기분 좋게 일할 수 있었다. 일이 많으면, 힘은 들지만 언젠가는 끝난다. 하고 싶지 않은 일도 꾹 참고 하면 된다. 하지만, 나와 맞지 않는 사람이 있다면... 곤욕이다. 같이 있는 것만으로 싫다. 일요일 저녁이면 벌써부터 밥맛이 떨어진다. '내일부터 또 봐야 하다니...' 이럴 때, 떠오르는 것 또한 '사람'이다. 내게 힘을 주었던 멘토, 나의 모든 걸 알고 이해하는 친구, 말없이 곁에만 있어도 든든한 가족...

자존감이 떨어질수록 누군가를 만나는 게 두려워집니다. 또다시 거부당할지 모른다는 거북하고 부정적인 감정에 사로잡혀 혼자 있는 게 편해지게 되죠. 이럴수록 가만히 혼자의 시간을 갖는 것은 어리석은 짓입니다. 이럴 땐 나를 있는 그대로 받아들여주는 가족 또는 친구와 시간을 보내는 것이 좋습니다. 나를 지지해주고 내 의견에 공감해주는 사람들과의 만남은 부정적인 생각에서 벗어날 수 있게 하며 정서적인 상처를 회복하는 역할도 합니다. - 조명국,『출근하자마자 퇴근하고 싶다』

나는 현재 대전에서 일한다. 태어날 때부터 살아왔던 서울과 경기도를 떠나 이곳으로 온지도 4년이 넘었다. 내 친구와 지인은 서울에 살고 있다. 거의 만나지 못한다. 외로움이 컸다. 몸이 멀어지니 마음도 멀어지는 것 같았다. 사람을 만나지 못하니 말수도 적어졌고, 내향화되었다. 그래서인지 가끔 지인을 만나면 어색할 때가 있다. 무슨 말을 해야 할지 난감했다.

그럼에도 편하게 만나는 사람이 있다. 그는 외국에 사는데, 1년에 한 번은 만났다. 필리핀 선교사인 그는 한국에 들릴 때마다 이곳에 찾아와 나를 만나주었다. 대학교부터의 인연이기에 지금도 만나면, 과거의 좋은 기억이 떠오른다. 특별한 이야기를 나누지 않아도 편하다. 좋은 사람과의 만남이 이렇게 기분을 좋게 하는지 예전엔 몰랐다.

저녁을 먹고 나면 허물없이 찾아가
차 한 잔을 마시고 싶다고 말할 수 있는

친구가 있었으면 좋겠다.

입은 옷을 갈아입지 않고 김치 냄새가 좀 나더라도
흉보지 않을 친구가 우리 집 가까이 살았으면 좋겠다.

비 오는 오후나 눈 내리는 밤에도
고무신을 끌고 찾아가도 좋을 친구,
밤늦도록 공허한 마음도 마음놓고 보일 수 있고,
악의 없이 남의 얘기를 주고받고 나서도
말이 날까 걱정되지 않는 친구.

- 유안진, 『지란지교를 꿈꾸며』 중

좋은 만남을 위해서

식당에서 종종 마주치는 풍경이 있다. 여러 명이 앉아 식사를 한다. 분명히 서로 무슨 말을 하고 있다. 그런데 다들 스마트폰으로 무언가를 한다. 서로의 얼굴은 보지 않은 채... 식사를 하고, 재빨리 헤어진다. 이들은 대화했지만, 대화한 것이 아니다. 이들은 만났지만 만난 것이 아니다.

상대와 마주하게 됐을 때, 상대가 불쾌하게 생각할지도 모르는 일은 최대한 피하는 것이 매너이다. 평소에 직장 동료나 친구와 이야기를 하면서도 자주 스마트폰을 만지작거리는 사람은, 일을 할 때에도 마찬가지 행동을 할 때가 많다. 마음이 넓은 친구는 이해해줄지도 모르지만, 일 때문에 만나는 사람 앞에서 그렇게 행동을 했다간 다음에는 같이 일을 하지 못하게 될 가능성도 있다. 눈앞의 상대가 가장 중요하다는 사실을 잊지 말자. - 사이토 다카시, 『내가 대화하는 이유』

만날 때마다 상대의 말을 빠짐없이 듣고, 흔들리지 않는 자세를 유지해야 하는 건 아니다. 그렇지만 최소한의 예의는 지켜야 하지 않을까. 지금 만나 대화하는 순간, 가장 중요한 사람은 '눈앞의 상대'이다. 당신과 만나는 사람은 시간을 들이고 노력해서 앞에 앉아 있는 것이다. 사람과 만날 때는 어떻게 해야 하는지 배워야 한다. 스마트폰은 내려놓고, 상대의 말에 귀를 기울어야 한다. 적당히 맞장구 쳐주고 공감해야 한다. 내 이야기만 늘어놓아서도 안 된다.

상대의 말을 제대로 들으려고 하는 자세가 된 사람은 상대를 존중하는 사람이다. 그는 상대가 말하고 싶어 하는 것을 끝까지 들어준다. 비즈니스라면, 최종적으로 상대의 이야기를 받아들일 수 있을지 없을지는 또 다른 문제이다. 하지만 성사되지 않더라도 절대로 관계는 악화되지 않을 것이다. 거절당해도 '다음 기회에 또 만나고 싶다', '함께 일을 하고 싶다'라고 생각하게 된다. - 사이토 시게타, 『관계 심리학』

처음 만났는데도 왠지 친근하고, 계속 만나고 싶은 사람이 있다. 이들에게 특별한 대화기술이나 화려한 언변이 있는 건 아니다. 그저 상대의 말을 잘 들어줄 뿐이다. 업무를 위한 만남에서도, 그는 다른 사람과 다르다. 처음부터 일을 말하지 않는다. 상대가 어떤 상황이고, 어떤 고민이 있는지 묻는다. 이야기를 잘 들어준다. 적절한 공감을 한다. 친한 친구와 대화하는 것 같다. 그는 어쩔 수 없이 만나는 것이 아니다. 상대를 존중하는 마음가짐이 대화 내내 드러날 수밖에 없다.

때로는 맞지 않는 사람과 만나야 할 때도 있다. 그럴 때 싫은 티를 얼굴에 내진 않나. 나와 맞지 않다고 그가 틀린 것은 아니다. '다른' 것일 뿐이다. 나와 다른 사람과 만나면서 의외로 배우기도 한다. '저 사람은 저렇게 생각하네.'라며 생각의 폭도 넓어진다.

어쩔 수 없는 교제에서 자신의 감정을 얼마나 컨트롤할 수 있는가가 어른과 아이의 차이이다. 거기에서 그 사람의 성숙도가 보이는 법이다. - 사이토 시게타, 『관계 심리학』

나이가 많다고 무조건 어른은 아니다. 어른을 판별하는 간단한 방법이 있다. 누군가를 만날 때의 자세를 보면 된다. 참된 어른은 누구를 만나더라도 친절히 대하며, 상대를 존중한다. 혹여나 상대방이 기분을 상하게 하더라도, 감정을 컨트롤한 후 친절한 자세를 유지한다. 맞지 않는 사람과의 만남 전에 마인드 컨트롤을 해 보라. 긴장이 풀릴 것이다. 상대가 어떤 말을 할지 미리 예상해 보는 것도 좋은 방법이다. 직장에서 관계가 어려운 사람이 있다면, 무작정 피하지 말고 먼저 말을 건네 보자. 대화를 하다보면, 미처 알지 못했던 장점도 발견할 수 있다.

사회생활을 하는 중에 우리가 많이 하는 거짓말이 있다. '언제 한번 보자'. '언제 한번 술이나 하자', '언제 한번 밥이나 먹자.' 이후, 아무런 만남 없이 몇 년이 흐른다. 이 말을 우리는 얼마나 많이, 얼마나 많은 사람에게 하고 있는가. 사람 때문에 상처 받고 사람 때문에 힘든 세상, 그 마음을 어루만져 주는 것은 다시 '사람'이다. 만나자. '언제 한번'이 아닌 '지금'.

우리는 시간을 공유하는 사람하고만 의미 있는 관계를 맺을 수 있다. 특히 사랑은, 내 시간을 상대방에게 기꺼이 건네주는 일이다. - 이기주, 『한때 소중했던 것들』

여행, 나에게 주는 보상

　실로 '여행' 시대다. TV에는 여행 프로그램이 넘쳐나고, 몇 분만 인터넷을 검색하면 전 세계 숙소 가격을 낱낱이 볼 수 있다. 기한이 임박한 항공권과 숙박권 판매 애플리케이션도 인기다. 휴가철이 끝나면, 어디 갔다 온 이야기로 웃음꽃이 핀다. 요즘은 주말에 가까운 외국에 갔다 오기도 한다.

　여행은 돈과 여유 있는 사람만의 전유물로 여겼다. 지금은 당연히 아니다. 'YOLO'(You Only Live Once)의 시대 아닌가. 현재가 중요하다. 지금 일하고 나중에 여행 가는 게 아니라, 기회 있을 때마다 여행을 떠나는 시대다. 좋은 비행기가 아니어도 괜찮다. 몇 곳을 경유하더라도 싼 비행기 티켓이 있으니까. 호텔이 아니어도 된다. 숙박공유 어플을 통해 세계 어느 도시의 집이라도 묵을 수 있다. 그럼 우리의 여행은 어떠한가.

　'바캉스 스트레스'란 말이 있다. 휴가 때문에 생긴 스트레스를 이르는 신조어이다. 올해 다녀왔던 휴가를 떠올려 보자. 우리나라의 휴가는 '전투적'이라는 기사를 읽은 적이 있다. 짧은 휴가를 잘 보내야겠다는 생각에 무리하게 스케줄을 잡는다. 여행 도중엔 폭식을 하며 밤늦게까지 강행군한다. 고속도로는 막히기 일쑤이고, 식당과 가게의 바가지 가격은 스트레스를 가중시킨다. 기진맥진으로 집에 돌아와서 다음날 출근한다. 여행 때의 흐트러진 생활 습관은 업무를 힘들게 하고, 밀린 업무는 다시 나를 방전시킨다. 해외여행을 다녀왔다면 시차 때문에 더 힘들어 할지 모른다.

1년에 두세 번 가족여행을 간다. 한 잡지의 여행 에세이를 쓰고 있기 때문에 가는 김에 취재도 한다. 막상 가면, 나 스스로 움직일 때가 많다. 좋은 사진을 찍기 위해 혼자 떨어져서 걷고, 취재한 내용을 적기도 한다. 맛있는 것을 먹고 좋은 곳도 구경했지만, 갔다 오면 더욱 지친다. 아내도 볼멘소리로 말한다. "여행가서 왜 이렇게 대화가 없냐?" 나는 여행에서 또 하나의 일을 한 것이다. 과연 우리의 여행은 행복할 수 있을까?

나를 먼저 파악하라

인문학자 김경집은 불현듯 히말라야를 가야겠다고 마음먹고 그곳으로 향한다. 갔다 온 경험과 사유를 바탕으로 책을 썼다. 이 책은 설렘, 탈출, 단순함 등 히말라야 순례길에서 발견한 삶의 화두를 전한다. 그는 여행을 이렇게 말한다.

새로운 것을 발견하고 새로운 곳을 탐방하는 즐거움도 좋지만, 여행의 진짜 즐거움은 지금의 속박에서 벗어나는 것이다. 그 속박의 정체를 모르고 떠나는 건 새로운 속박으로의 변형일 뿐이다. 여행은 속박으로부터의 해방뿐 아니라 잠시나마 자유로움을 느끼며 자신을 돌아볼 기회를 선물로 주는 것이기도 하다. 그러므로 여행은 '내가 나에게 주는' 보상이다. - 김경집, 『생각을 걷다』

시간과 돈을 아껴 좋은 곳으로 여행 갔는데, 그저 먹고 사진 찍는 데서 그친다? 아쉽지 않을까. 여행을 통해 자신을 돌아볼 기회를 얻는 것. 그것이 수반되어야 한다. 자신을 올바로 바라보고 깨닫는 일이 바쁜 일상엔 힘들다. 출퇴근 하느라 바삐 걷고, 보고서 쓰느라 정신없고, 육아와 집안일에 신경 쓰느라 정작 나를 돌아보는 일은 뒷전이다. 그 속에서 나는 함몰되어 간다. 지쳐 간다. 진정한 나를 찾아보는 일이 꼭 필요하다.

저자는 계속 말한다. "여행은 무언가를 담고 오는 것일 수도 있지만 내부에서 굳은 두께를 걷어내고 비우는 과정이기도 하다." 여행에서 사진을 담아 오고, 추억을 담아 온다. 많은 것을 얻어 온다. 더불어 여행을 통해 분주한 마음을 내려놓고, 덧없는 욕심을 지우고, 남들과 비교했던 마음도 비울 수 있다. 채움과 비움이 공존하는 여행, 벌써부터 기다려진다.

천편일률적인 여행도 재고해야 한다. 흥미롭게도 우리의 여행은 참 비슷하다. 인스타그램에 올라온 여행 사진을 보라. 비슷한 곳에서 사

진 찍고, 비슷한 식당에서 비슷한 음식을 먹는다. 비슷한 숙소에서 잠을 자고, 비슷한 쇼핑몰에서 비슷한 것을 구입한다. 과연 획일화된 여행이 나를 행복하게 할까? 심리학자 김명철은 이렇게 조언한다.

여행의 만족이나 행복은 항상 얻을 수 있는 게 아니다. 좋은 여행을 위해서는 먼저 우리 자신의 성격과 욕망과 가치관을 정확하게 이해하고, 이에 따라 자기가 원하는 여행이 어떤 것인지 알아내 적합한 여행지를 고르거나 마음에 드는 여행 방법을 선택해야 한다. 즉 여행은 기대가 저절로 이루어지고 행복이 제 발로 찾아오기를 기다리는 활동이 아니라 기대를 이루어나가고 행복을 쟁취하는 활동이다. - 김명철,『여행의 심리학』

여행에도 수많은 컨셉이 있다. 유명한 역사 유적을 돌아볼 수도 있고, 짜릿한 액티비티를 즐길 수도 있다. 이국적인 문화를 체험할 수도 있고, 식도락 여행을 할 수도 있다. 아니면, 쇼핑만을 위해 떠나기도 한다. 여행의 성격도 생각해 볼 수 있다. 모든 것을 자신이 직접 결정해야 하는 자유여행도 있고, 여행사에서 짜둔 스케줄대로 움직이는 패키지여행도 있다.

이렇게 다양한 여행 중에서 어떤 것을 선택할 것인가. 자신의 성향이나 지금 처한 환경, 여행 경비, 여행 상대 등을 고려해 자신에게 맞는 여행을 선택해야 한다. 만약 그렇지 못한 선택을 했다면 오히려 안 가는 것보다 못한 여행이 될 것이다.

우리는 보고 느끼기 위해 태어났다. 그 밖에 꼭 무엇이 되어야만 하는 것은 아니다. 아름다움에 몰입하고 감동할 줄 아는 영혼을 가지고 우리는 이곳에 왔으며. 그 몰입과 감동이 삶의 문제들을 극복하고 인생을 살아 나가게 하는 힘이다. - 류시화, 『새는 날아가면서 뒤돌아보지 않는다』

여행이라는 것은 쉽지는 않다. 해외여행을 가려면 얼마나 많이 인터넷 검색을 하는가. 비행기 티켓부터 숙소, 식당, 환전, 관광지 등을 알아봐야 한다. 검색했다고 끝이 아니다. 짐을 싸야 한다. 끝까지 무엇을 넣을까 고민하며 짐을 싼다. 그러다가 떠나기도 전에 지쳐 버리는 경우가 허다하다. 그래서인지 그렇게 원하던 곳에 가더라도 사진찍고, 맛있는 것 먹고 돌아오는 게 전부다. 다른 사람과 똑같은 여행을 한 것이다. '다음에는 조금 더 괜찮은 숙소를 골라야지, 다음엔 더싼 티켓을 사야지...'라고 생각하면서.

비슷한 여행을 어떻게 바꿀 수 있을까. 우선, 여행을 떠날 때 열린 마음을 가져보자. 인사말이나 기본 회화 정도는 현지 언어로 말해 보는 것이다. 물론, 웬만한 곳은 영어가 통한다. 그렇지만, 자신의 언어로 말을 걸어오면, 현지인들도 마음을 열지 않겠는가. 식당도 스타블로거가 선정한 맛집만 고집하는 것이 아니라, 현지인에게 좋은 식당을 추천해달라면 어떨까. 여행 서적과 블로그에서도 만날 수 없는 최고의 음식을 만날 지도 모른다.

나만의 여행 습관을 갖는 것도 좋다. 나는 여행을 갈 때, 지역의 동네책방을 꼭 들린다. 다른 지역에선 찾을 수 없는, 그 지역만의 독특한 책을 발견하는 기쁨이 크다. 대개 책방 주인은 그 지역을 상세히 알고 있어 가볼 곳을 추천해 주기도 한다.

여행지의 기본정보도 공부해 가면 좋다. 유적지를 방문할 때도 최소한의 지식과 역사적 배경을 공부해서 간다면 어떨까. 스스로도 배움의 기쁨을 맛보고 아이에게도 설명해 줄 수 있다. 좋은 여행 프로그램도 많다. 예를 들어 '여행문화학교'는 금강지역의 숨겨진 이야기를 스토리텔링으로 배워가는 프로젝트다. 영화를 좋아하는 사람을 위해 '부산국제영화제' 여행상품도 출시되었다. 이런 프로그램으로 여행하면 혼자 여행할 때보다 많이 배우고, 좋은 여행 친구도 만날 수 있다.

친구가 아닌, 의외의 사람과 여행을 떠나면 어떨까. 여행 기획자인 김신은 괜히 불편한 관계인 '아버지'와 여행을 떠난다. 그는 좋은 시간이 될까 전전긍긍하지만, 여행을 통해 아버지에 대한 오해가 풀리고, 어색했던 관계도 눈 녹듯이 풀렸다고 전한다.

일주일과의 짧은 여행을 마치고 돌아오는 비행기 안에서 우리 부자는 그렇게 이산가족 상봉 때와 같은 뜨거운 눈물을 흘리며 가슴속 깊은 이야기들을 쏟아냈다.

삶의 기적이 있다면 이것이 아니고 무엇이랴.

오래된 가족 내의 상처를 눈물로 승화하고 치유하고 회복하게 하는 일.

슬픔을 기쁨으로, 미움을 사랑으로 바꾸는 연금술. - 김신, 『아버지 가방에 들어가실 뻔』

여행은 사람을 싸우게도 하지만, 화해도 하게 만든다. 그것이 여행이 주는 덤이리라. 많은 관광객이 찾을 만큼 유명하진 않더라도 오히려 소소한 풍경에서 알 수 없는 감동을 만나기도 한다. 가족처럼 환대해 주는 현지 사람들과의 만남에서 기쁨을 느끼기도 한다. 자신만의 여행을 다녀와 보자. 비싼 휴양지는 아니더라도 자신에게 맞는 곳이라면 괜찮다. 삶의 무게에 짓눌린 나를 새롭게 하고, 나를 발견할수 있는 여행. 그곳이 파라다이스 아닐까.

관찰, 순간을 사랑하기

출근하는 직장인을 본 적이 있는가. 어젯밤의 숙취로 멍한 표정, 머리는 부스스하고 다리에는 힘이 없다. 떼를 지어 힘없이 움직인다. 이런 풍경을 미국드라마에서 본 적이 있다. 〈워킹 데드〉. 드라마 속 좀비와 같다면 너무 비참하지 않을까. 오전 내내 일하고 시간에 쫓겨 점심 먹고, 오후에 또 일. 다행히 오늘은 야근이 없어 칼 퇴근. 출근과 똑같은 표정과 몸짓으로 집에 간다. 씻고 저녁 먹고, TV 보고 잔다.

자영업자는 또 어떤가. 똑같은 시간에 문을 열고, 종일 손님을 상대한다. 일에 신경 쓰다 보면 끼니를 거를 때도 많다. 집에 있는 주부도 사정은 마찬가지. 끝이 없는 집안일을 하고, 아이를 보고, 찬거리를 사면, 금방 어둑해진다. 백수도 바쁘다는 농담처럼 우리는 이렇게 바쁘게 살아간다.

바쁘게 살면서 우리가 꼭 잡고 있는 것이 있다. 출퇴근할 때, 화장실 갈 때, 잠자리에 들 때도... 지금 당신의 옆에도 있을 것이다. 바로 스마트폰. 시간이 갈수록 스마트폰은 더욱 '스마트'해진다. 스마트폰을 통해 실시간 뉴스를 볼 수 있고, 지구 반대편의 날씨를 알 수 있다. SNS를 보면 셀럽의 상세한 소식(점심에 무엇을 먹었고, 어제 저녁에 누구와 만나 무엇을 했는지)도 알 수 있다. 그렇지만, 바로 내 옆에 어떤 사람이 지나가는지, 내 주위에 지금 어떤 일이 일어나고 있는지는 알 수 없다. 한마디로 우리는 관찰을 할 수 없다. 스마트폰을 손에 꽉 잡고 있는 순간, 우리는 관찰을 놓친 것이다.

관찰의 힘

작년, 가을이었나. 햇살 따뜻한 오후. 오랜만에 아이와 함께 산책했다. 집으로 가려는데, 갑자기 아이가 놀란다. "와! 아빠, 저것 봐!" 순간, 황급히 물었다. "왜? 무슨 일 있어?" 환한 웃음을 지으며, 아이는 이렇게 말했다. "저기 나무에 감이 많이 열려서."

"그래? 그렇구나." 난 무미건조하게 답했다. '감나무에 감이 열리는 건 당연한 건데...'라 생각하며 다시 발길을 재촉했다. 얼마 지나지 않아 그런 생각이 들었다. '어떻게 감을 봤을까? 나보다 키도 훨씬 적은 애가... 당연한 걸 보고 아이는 왜 그렇게 놀랐을까?'

머쓱해졌다. 내가 보지 못한 것을 아이는 보았다. 본 걸로 그치지도 않았다. 너무도 당연하게 열리는 감이 아이는 마냥 신기했던 것이다. 다시 물었다. "감을 보니까 무슨 생각이 들어?" 웃으며 아이는 답했다. "흐흐흐. 먹고 싶어."

한동안 아이의 모습이 계속 떠올랐다. 아이에 비해 내가 보지 못한

게 얼마나 많을까. 나는 왜 그것들을 보지 못했을까. 아이는 보는 모든 것으로부터 흥미를 느끼고 있었다. 한마디로 아이는 관찰하고 있었다. 의식하든 않든 아이에게 관찰은 일상이었던 것이다.

관찰은 과연 무엇일까. 사전적 의미로는 '사물이나 현상을 주의하여 자세히 살펴봄'이라 한다. 관찰을 과학 시간에만 쓰이는 단어만으로 생각하진 않는가. 하지만, 관찰은 지금, 바로 여기에서 가능하다. 배철현 교수는 '관찰'을 이렇게 정의한다.

관찰은 깊이 보는 행위이며, 이것의 특징은 무아성이다. 특히 살아 움직이는 어떤 것을 응시할 때 의도를 갖고 볼 뿐만 아니라 그 움직이는 모습을 온전히 따라가기 위해 집중하고 몰입한다. - 배철현, 『심연』

나는 '의도'에 주의하고 싶다. 매일 보는 사람들, 매일 보는 사물을 그냥 허투루 보지 말자는 것이다. 길가에 핀 꽃도 자세히 보면 어제가 다르고 오늘이 다르다. 내 곁의 모든 것을 의도를 갖고 보는 것이다. 의도는 관심이라 부를 수도 있다. 가끔 뉴스에 보면, 길가에 쓰러진 할머니를 일으켜 119에 연락하거나 울고 있는 어린아이의 부모를 찾아준 사람이 나온다. 그들은 평소에도 어려움에 빠진 사람을 보고 지나치지 않았을 것이다. 어떤 사람을 보든 의도를 갖고 보았을 것이다.

또한, 관찰은 '집중'하고 '몰입'하는 것이다. 어떤 대상을 향해 그냥 넘겨버리는 것이 아니다. 의도를 갖고 최선을 다해 집중하는 것이다.

가끔 우리 아이를 보며, 놀랄 때가 있다. 몇 년 전에 갔던 박물관이나 놀이동산을 상세히 기억하는 것이다. 날씨며, 점심에 무엇을 먹었는지, 어떤 일이 있었는지... 나는 가물가물한데 아이는 기억하고 있었다. 왜 그럴까? 아이는 무서울 정도로 집중하고 몰입했을 것이다.

그러고 보면, 관찰을 제일 잘 하는 사람은 시인인 것 같다. 시인은 매일 보는 것도 그냥 보지 않는다. 시인은 계속 반복해서 보고, 다른 방향으로 본다. 결국 대부분이 놓치는 것을 시인은 아름다운 시로 만들어낸다. 바로 관찰로.

시인의 눈으로 살아가기

출퇴근하면서 그냥 허비하는 시간, 관찰해 보자. 아무 생각 없이 지나쳤던 것들이 새로운 의미로 다가오지 않을까. 한 가지 제안하자면, 일주일에 한 번은 스마트폰을 사용하지 않고 출근해 보자. 처음엔 조금 허전하지만 금방 적응될 것이다. 기기에만 집중되었던 눈이 다른 곳으로 향할 것이다. 자리에 앉아 졸고 있는 직장인을 보며, '저 사람도 저렇게 피곤하구나.'하며 공감대를 형성할 수 있고, 다양한 광고판을 보며, 요즘 트렌드를 익힐 수도 있다. 시시때때로 변하는 하늘의 모습에 감탄할 수도 있고, 보도블럭에 핀 이름 모를 꽃에게 경의를 표할 수도 있다. 직장에서도 관찰은 계속된다. 새 넥타이를 매고 온 부장님의 센스를 칭찬하고, 쉽게 지나치던 경비 아저씨와 미화원 아주머니에게 따뜻한 인사를 건네도 된다.

처음엔 쉽지 않을 것이다. 스마트폰에 자꾸 손이 갈 것이고, 세상 모든 일에 눈과 귀를 닫는 것이 편할 것이다. 그렇지만, 무언가를 찾는 시인의 마음으로 세상을 바라본다면, 조금씩 보이고 조금씩 느끼게 될 것이다. 김경집 교수는 이렇게 말한다.

한 가지 감각에만 함몰되지 않고 최대한 다양한 감각을 열어놓는 것, 그것만으로도 하루의 밀도가 달라질 것이다. 그래야 '삶의 결'을 다듬을 수 있다. - 김경집, 『생각을 걷다』

'감각'을 활용하라는 말이다. 미식가를 본 적이 있는가. 음식을 맛볼 때, 단순히 먹는 데서 그치지 않는다. 눈으로 보고, 코로 냄새 맡고, 이로 식감을 확인하고 혀로 음식의 맛을 확인한다. 그것도 부족해서 음식의 맛을 말로 표현한다. 세상 다 산 사람처럼 멍하게 살지 마라. 그건 좀비나 하는 짓이다. 어쩌면 관찰은 '순간을 사랑하는 것'일지도 모른다. 모든 감각을 열어 순간을 사랑하고 당신에게 스쳐가는 모든 것을 사랑할 때 온 세상은 당신에게 주어진 선물이 되리라.

바쁜 일상에서 한 가지를 집중해서 살펴보는 것. 그리고 그 관찰을 통해 새로운 것을 깨달아 안다면, 이미 우리는 시인의 눈으로 살아가는 것이리라. 한 노래가사가 있다. 별다를 것이 없는 노랫말이지만, 아름다움을 느낀다. 이 노랫말처럼, 우리가 보고 듣고 느끼는 모든 것에서 사랑을 길러낼 수 있기를 바란다.

새벽 공기를 가르며 나르는 새들의 날갯죽지 위에

첫차를 타고 일터로 가는 인부들의 힘센 팔뚝 위에

광장을 차고 오르는 비둘기들의 높은 노래 위에

바람 속을 달려 나가는 저 아이들의 맑은 눈망울에 "사랑해요"라고

쓴다.

피곤한 얼굴로 돌아오는 나그네의 저 지친 어깨 위에

시장 어귀에 엄마 품에서 잠든 아가의 마른 이마 위에

공원길에서 돌아오시는 내 아버지의 주름진 황혼 위에

아무도 없는 땅에 홀로 서있는 친구의 굳센 미소 위에 "사랑해요"

라고 쓴다.

-시인과촌장, 〈사랑 일기〉 중

시간, 인생 2막 열기

"시간이 없어요." 현대인의 마음을 이처럼 대변하는 말이 있을까. 시간이 없어서 책을 못 읽고, 시간이 없어서 공부를 못 한다. 시간이 없어서 사람을 못 만나고, 시간이 없어서 쉬지 못한다. 그놈의 시간 때문에 우리는 많은 것을 할 수 없다. 아니, 어쩌면 '시간'을 핑계로 아무것도 못 하는 내게 면죄부를 주는지도 모르겠다.

조금이나마 숨통을 틔어주는 소식이 들린다. 주당 법정 근로시간을 52시간(법정근로 40시간+연장근로 12시간)으로 단축하는 '근로기준법 개정안'이 2018년 2월 국회를 통과한 것이다. 이에 따라 종업원 300인 이상의 사업장과 공공기관은 2018년 7월부터 '주당 근로시간 52시간'을 지키고 있다. 야근은 존재하고, 종종 회식도 있지만 최소한의 '저녁시간'은 확보된 것이다.

그럼에도 우리는 여전히 시간이 부족하다. 출근하기 싫은 월요일부터 빨리 퇴근하고 싶은 금요일까지 쉴 새 없이 달려간다. 마침내 쉴 수 있는 주말은 왜 이리 짧은지. 쏜살같이 지나간다. 매일 시간 타령을 하는 우리. 언제 시간이 나는 걸까. 과연 나긴 나는 걸까.

크로노스 vs 카이로스

그리스어에는 '때'를 나타내는 말이 두 가지 있다. 크로노스와 카이로스. 크로노스는 일반적 의미의 시간이다. 가만히 있어도 흘러가는 자연적인 시간을 말한다. 즉, 달력의 시간이다. 1월이 지나면 2월이 되고, 아침이 지나면 점심이 되는…

이에 반해, 카이로스는 의식적이고 주관적인 시간이다. 순간의 선택이 인생을 좌우하는 기회와 결단의 시간이다. 카이로스는 그리스 신화에 나오는 기회의 신의 이름이기도 하다. 그의 모습은 우스꽝스럽다. 앞쪽 머리카락은 길지만, 뒤쪽 머리카락은 없다. 그렇기에 지나갈 때 재빨리 잡지 않으면 놓쳐 버리기 일쑤이다. 크로노스가 모든 사람에게 공평하게 주어진 시간 개념이라면, 카이로스는 크로노스에서 특별한 의미를 부여하는 시간이라 할 수 있다.

바쁜 생활에서도 치열하게 살아가는 사람이 있다. 출근 전에 운동을 하고, 퇴근 후엔 스터디모임에 참석한다. 틈틈이 영어와 자격증 공부를 하며, 자기계발의 끈을 놓지 않는다. 그 와중에 책도 꾸준히 읽는다. 그가 다른 사람보다 많은 시간을 갖고 있는 건 아니다. 매 시간을 특별하게 보낼 뿐. 다른 말로 하자면, 그는 카이로스의 시간을 살고 있는 것이다. 무엇이 그를 그렇게 만들었을까?

지금까지의 시간 관리 기술에는 바로 '인생'이라는 관점이 결여되어 있었다. 사람은 자신의 인생을 바라보면 시간 사용법이 달라진다. 시간론의 본질은 '무엇에 시간을 분배할 것인가'에 대한 가치관의 문제이기 때문이다. - 사이토 다카시, 『타임 콜렉터』

그냥 하루하루 먹고 사는 것으로 만족하는가. 아니면 미래에 대한 확실한 청사진을 갖고 하루를 보내는가. 그 차이는 자신의 삶에서 명백히 드러난다. 인생 자체가 시간으로 이루어져 있다. 오늘 내가 시간을 허비하면, 하루 치의 인생을 허비한 것이다. 시간을 알뜰히 쓴다면, 그만큼의 인생을 잘 산 것이다. 안중근 의사의 "하루라도 책을 읽지 않으면 입에 가시 돋는다."는 말은 절대 과장이 아니다. 단 하루라도 허투루 보낼 수 없다는 의지의 표현이다. 대충 살 수 없다. 시간이 아깝지 않은가.

'카르페 디엠'(Carpe diem). 호라티우스의 시에서 유래한 말로 '현재를 잡아라'(Seize the day)라는 뜻이다. 영화 〈죽은 시인의 사회〉에서 키팅 선생이 외친 말로 유명하다. 과연 나는 현재를 꽉 붙잡고 있는가.

카르페는 과실 농사를 지어 과실의 당도가 가장 높고 맛있을 때 그것을 나무로부터 강제로 따는 행위를 뜻한다. 이 행위를 위해서는 과실나무의 결정적 순간을 볼 수 있는 힘이 있어야 한다. 농부는 자신이 원하는 맛을 얻기 위해 가장 좋은 환경을 만들고, 탁월한 식견으로 과실을 파격적으로 떼어내야 한다.

카르페는 바로 그 순간을 포착하는 능력이다. 그 순간을 감지해 나무라는 과거의 구태의연함, 편안함에서부터 나를 분리하는 예술적인 안목이다. 카르페는 자신을 깊이 관찰하고, 자신만의 초신성을 관찰할 수 있는 예민한 정신의 수련자에게 주어지는 용기다. - 배철현, 『수련』

과거의 일에 후회하고, 미래의 일에 정신 쏟느라 현재를 놓치진 않는가. 그만큼 어리석은 일은 없다. 그럼에도 우리는 쉽게 시간을 미룬다. '다음에 하지, 다음에 여유로울 때 하지.' 돈은 억척같이 벌고, 다른 사람에게 양보 안 하면서... 시간에 대해선 너무나 관대하다. 지금이 중요하다. 무엇을 하든 최적의 시간은 지금이다. 늦춘다면, 맛있는 과일을 딸 수 없다. 카이로스의 머리카락을 잡을 수도 없다.

새 길을 닦으려면 새 계획을 세워야지요. 나는 어제 일어난 일은 생각 안 합니다. 내일 일어날 일을 자문하지도 않아요. 내게 중요한 것은 오늘, 이 순간에 일어나는 일입니다. - 니코스 카잔차키스, 『그리스인 조르바』

퇴근 이후, 진정 나만을 위한 시간

하루 24시간을 알차게 보내야 하지만, 퇴근 이후를 집중해 볼 필요가 있다. 새벽은 아무래도 촉박하고, 낮엔 바쁘고 급한 일이 많다. 하루를 1, 2막으로 나누어 생각해 보자. 1막은 아침부터 오후까지, 주로 일터에서의 시간이다. 생존을 위해 살아간다. 나보단 조직, 회사, 타인을 위해 시간을 써야한다. 퇴근하고 2막이 펼쳐진다. 저녁부터 잠자리에 들기까지 온전히 나만의 시간이다. 나의 성장을 위한 시간, 재미를 위한 시간을 보내는 것이다. 저녁에는 마음만 먹으면 서너 시간 이상 확보할 수 있다.

사람이라면 누구나 행복한 삶을 원한다. 그런데 행복한 삶이란 대체 무엇일까? 어제보다 오늘이 기대되고 오늘보다 내일이 기대되는 삶이다. 이는 자기 자신의 성장이 가능할 때 그리고 그 모습이 실제로 느껴질 때 얻어지는 결과물이다. 성장을 위해서는 지식과 지혜의 충전이 필요하다. 그렇게 자신을 채우면서 성장을 위해 시간을 보내는 것, 진정으로 나를 위한 시간이란 바로 이런 시간이다. - 김범준, 『하루 30분의 힘』

퇴근 후의 시간을 어떻게 보내는가. 그저 습관적으로 술 마시고, TV 보고, 게임하면서 보내는 건 아닌가. 이젠 바뀌어야 한다. 관심 있는 것을 공부할 수 있다. 미루어 두었던 취미 생활을 즐겨도 된다. 평소 읽지 못했던 책도 읽고, 운동도 할 수 있다.

약간의 기술만 익히면 유튜브나 팟캐스트를 통해 자신만의 콘텐츠도 만들 수 있다. 어린아이부터 나이 든 어르신까지 누구라도... 퇴근 후, 영상을 올리는 BJ가 많다. 분야도 다양하다. DIY, 뷰티, 게임, 음식, 축구 등 자신이 좋아하는 것을 올린다. 이들은 영상을 올리며 의미를 찾는다. 직장에서의 스트레스도 푼다. 많은 사람이 보고 구독하면, 영상에 광고도 붙는다. 제품 협찬도 들어온다. 자신이 좋아하는 일을 하며 돈도 벌 수 있으니 얼마나 좋은가.

　BJ하면 제일 먼저 떠오르는 사람이 있다. 대도서관. 그는 별다른 스펙이 없었던 평범한 직장인이었다. 서른 살을 훌쩍 넘겨서야 유튜브에 입문했다. 그는 넘치는 끼와 성실함, 뛰어난 재치와 입담으로 인기를 얻는다. 현재 그는 170만 명의 구독자를 지닌, 톱 크리에이터이다. 그가 말하는 성공 비결은 의외로 간단하다.

"생방송 말고 편집 방송으로 시작하되, 내가 관심 있고 잘할 수 있는 분야를 지속가능한 콘셉트로 기획해 일주일에 최소 두 편씩 1년간 꾸준히 업로드하라!" 말은 간단하지만, 막상 해 보면 쉬운 일이 아니다. 일단 일주일에 두 편씩 지치지 않고 동영상을 제작하기란 쉽지 않다. 그래서 인기에 편승하는 핫한 아이템을 따르기보다 자기가 좋아하고 관심 있는 분야로 채널을 만드는 것이 무엇보다 중요하다. - 대도서관, 『유튜브의 신』

　지금은 최고의 크리에이터이지만, 그도 처음 시작할 땐 구독자가 없었다. 그저 자신이 좋아하는 게임에 대한 영상을 찍었고, 재미있는 멘트를 넣었고, 편집한 영상을 올렸다. 몇 편 올리다 보니 노하우가 생겼고, 점점 자신만의 독특한 색깔이 드러났다. 이에 독자들은 환호했고, 구독 수는 늘어났다. 몇 년 지나니, 영상은 더욱 쌓여 결국엔 지금의 위치까지 오른 것이다.

'양질전환'이라는 말이 있다. 양이 일정 수준 이상으로 쌓이면 질적인 변화가 일어난다는 말이다. '양질전환'처럼 1인 미디어에 잘 어울리는 말은 없을 것이다. 다소 미흡하더라도 콘텐츠를 만들고 또 만들면서 자기 채널에 차곡차곡 쌓아가면 어느 순간 콘텐츠의 양만 늘어나는 것이 아니라 콘텐츠의 질에도 변화가 생긴다. - 대도서관,『유튜브의 신』

흔히 양을 비하할 때가 있다. '아무리 양이 많으면 뭐하냐? 질이 좋아야지.' 이렇게 말하면서… 그렇지만 양도 절대 무시할 수 없다. 한 분야에 특출하게 성공한 사람들의 이야기를 들어보면, 대부분이 노력한 '시간'을 말한다. '1만 시간의 법칙'이라는 말도 있지 않나. 피땀 흘린 노력으로 정상까지 오른 것이다. 또 정상을 유지하기 위해 그만큼의 시간을 들인다.

퇴근 후, 1시간이라도 꾸준히 무언가를 해 보자. 하루에 1시간이면 주말은 빼더라도 일주일에 5시간을 번다. 한 달이면 20시간이다. 남들이 한 달 31일을 살 때, 32일을 살 수 있는 것이다. 별로 차이가 없는 것 같다고? 1년, 2년 쌓이면 어떻게 될까.

미래를 위한 시간

또 한 사람을 소개하고 싶다. 김민식 PD. 그는 스스로에게 '세상이 내게 일을 주지 않을 때, 난 뭘 할 수 있지?'라는 질문을 던졌다. 그리고 답을 '쓰기'에서 찾았다. 7년을 매일같이 썼다.

요즘 저는 블로그를 통해 하루하루 나의 삶을 응원하며 자신에게 동기부여를 합니다. 자랑하고 싶은 나의 모습을 블로그를 통해 세상에 알립니다. 저 자신을 칭찬하고 토닥여줍니다. "이런 책도 읽었어? 와, 너 멋지다", "이야, 자전거 타고 춘천까지 갔다고? 끝내주는걸?" 하는 식으로 말이죠. 그러면서 조금씩 인생이 즐거워지고 표정이 밝아졌어요. 블로그에서 자랑하고 싶은 일로 하루를 채우려고 노력합니다. 독서나 여행, 영화 감상 등이요. 그러다 보니 어느새 삶이 즐거워졌어요. 블로그는 언제 어디서나 내 곁을 지켜주고, 나의 이야기에 귀 기울여주는 든든한 친구입니다. - 김민식, 『매일 아침 써봤니?』

그는 꾸준히 글을 썼다. 블로그에 글을 올리며 인생이 즐거워졌다고 말한다. 블로그에 영어, 육아, 등산 등의 자료를 올리며, 스스로 각 분야를 공부해 나갔다. 그러다보니, 육아에세이도 썼고, 여러 매체에서 글 청탁도 받았다. 『영어책 한 권 외워봤니?』라는 책도 썼다. 블로그의 유익을 몸소 체험한 것이다.

나 역시 블로그(Philip's Bookcafe)를 운영하고 있다. 여기에 서평과 에세이를 쓰고, 읽은 책의 목록을 올린다. SNS나 유튜브에 밀려 이

용자는 줄었지만, 블로그만의 유익이 있다. 블로그에 글을 올릴 때, 일기 쓰는 기분이 든다. 처음에는 어떻게 채울까 걱정했지만, 한 편씩 쓰다 보니 6년이 되었고, 글도 제법 쌓였다. 글만 쌓인 게 아니다. 블로그를 하며 생각과 경험도 쌓여갔다.

브런치에도 글을 연재한다. 이곳엔 개인적인 글보다는 다른 사람과 공유하고 싶은 글을 올린다. 내 글을 남에게 보여주고 싶은, '작가'의 마인드로 쓴다. 그렇기 때문에 더 신경을 쓴다. 블로그와 브런치에 글을 쓸 때면, 마음가짐이 달라진다. 평소에는 일하고 돈을 벌며 정신없이 살지만, 글을 쓸 때는 어떻게 잘 살 수 있는지 고민하고, 나의 본래 모습을 바라볼 수 있다. 크로노스의 시간 속에서 카이로스를 잡는 것이다.

퇴근 후 저녁 시간은 부족한 나를 일깨우고, 성장시킬 수 있다. 그 시간은 미래를 준비할 좋은 기회가 된다. 창업을 위해 공부할 수도 있고, 아예 생업과 분리된 제2의 직업 활동을 할 수도 있다. 자신을 알리는 명함이 하나 더 생기는 것이다. 한마디로 퇴근 후 시간을 어떻게 보내느냐에 따라 미래가 바뀔 수 있다.

시간이 없다고 툴툴대고 있는가. 없으면 시간을 내면 된다. 어떻게든 시간을 아껴 나만의 시간을 확보하면 된다. 그럴 때 카이로스는 당신에게 잡혀 인생을 가치 있게 만들 것이다. 시간을 잡겠는가, 그저 시간에 흘러가겠는가.

실천, 가능한 것부터 차근차근

책에서 여러 번 말했지만, 문구점을 계속 할지 고민이 많았다. 점점 떨어지는 매출과 까다로운 손님 응대 등 여러 이유가 있었지만, 다른 일을 해 보고 싶다는 생각이 제일 컸다. 다른 일이란 '책방'이었다. 동네책방을 해 보고 싶었다. 책과 늘 함께한다는 것부터 나와 잘 맞는 일 같았다. 내가 좋아하는 책을 갖다놓고, 책을 좋아하는 사람들과 만날 수 있다는 것. 생각만 해도 행복했다. '어떤 컨셉의 책방을 만들까? 책방 이름은 무엇으로 할까? 어떤 책을 들여놓을까?' 매일 이런 상상을 하며 시간을 보냈다. 관련 자료를 모으고 실제 동네서점에 가서 창업에 대해 묻기도 했다.

그러던 중, 차차 동네책방의 실체를 알았다. 많은 수의 책방이 재정적으로 많이 힘들다는 것. 책을 읽다가 인상 깊었던 말이 있었다. "읽는 것과 파는 것은 엄연히 다르다. 서점 하면 책 팔아서 월세 내야 한다. 단지 책을 읽는 게 좋은 것이라면 직장 성실히 다니면서 취미로

독서하길 권한다. 책을 좋아하는 마음보다 현실적인 고민이 필요한 일이다."(『서울의 3년 이하 서점들: 솔직히 책이 정말 팔릴 거라 생각했나?』) 그때부터 현실적인 고민을 했다. 매달 갚고 있는 은행 대출금도 헤아려 봤고, 내년이면 초등학교 가는 아이의 교육비도 타진했다. 조금씩 늘고 있는 병원비, 갑자기 목돈이 드는 자동차 수리비 등의 비정기적인 지출도 무시할 수 없었다. 고민 끝에 책방 창업에 대한 꿈은 접었다.

제일 큰 비극은

그때쯤 읽었던 책이 영화로도 유명한 『파이 이야기』였다. 열여섯 살 소년 파이의 이야기이다. 파이는 신을 사랑하고 싶은 마음에 힌두교, 기독교, 이슬람교를 모두 믿는다. 동물원을 운영하는 아버지, 다정한 어머니, 운동밖에 모르는 형과 함께 행복한 시절을 보낸다. 하지만 인도의 상황이 불안해지자 아버지는 동물원을 문 닫고 캐나다로의 이민을 결심한다. 그런데 동물을 태우고 캐나다로 가던 화물선이 태평양 한가운데에서 침몰하고 만다. 그때부터 파이의 본격적인 모험이 시작된다. 영화로도 강렬하게 봤기 때문에 책도 집중해서 읽었다. 그러다가 한 구절이 눈이 밟혔다.

내 경험상 조난자가 저지르는 최악의 실수는 기대가 너무 크고 행동은 너무 적은 것이다. 당장 하는 일에 집중하는 데서 생존은 시작된다. 게으른 희망을 품는 것은 저만치에 있는 삶을 꿈꾸는 것과 마찬가지다. - 얀 마텔, 『파이 이야기』

망망대해에 떨어진 주인공 파이. 게다가 그의 곁엔 언제 자기를 잡아먹을지 모르는 호랑이가 있다. 파이는 구조되면 무엇을 하고 싶은지 상상하지 않았다. '될 대로 되라'는 식으로 갑판에 누워 허송세월을 보내지도 않았다. 파이가 선택한 것은 '당장 하는 일'이었다. 저만치에 있는 삶을 꿈꾸는 것이 아니라... 파이는 호루라기로 호랑이를 길들이고, 낚시를 해서 먹을 것을 구하고, 물을 구했다. 그것도 아주 열심히. 이런 노력 때문이었을까. 파이는 하루하루 살아갈 수 있었고, 때로는 바다의 멋진 낭만을 경험했다. 끝내는 생존했다.

나 역시 게으른 희망을 품고 살았다. 당장 내 앞에 놓인 삶을 만족하지 못하고 저만치에 있는 삶을 꿈꾸었다. 이러면 안 되겠다는 생각에 조금씩 내가 할 수 있는 일을 했다. 밀쳐 두었던 책을 펼쳤다. 글도 다시 썼고, 여러 매체에 보내기 시작했다. 가족과도 의미 있는 시간을 보내기 위해 애썼다.

어쩌면 우리는 망망대해에 떨어진 것처럼 막막하다. 그 속에서 아무것도 하지 않은 채 헛된 희망을 품고 있진 않은가. '빨리 다른 곳에 이직했으면 좋겠다, 이 사람만 아니면 일을 할 만할 텐데....' 다른 사람과 비교하진 않는가. '내가 저 위치라면 더 잘할 텐데, 저 사람은 금수저니까 이런 걱정은 안 하겠지....'

더 나은 삶을 꿈꾸고, 다른 사람과 비교하는 건 어찌 보면 괜찮은 선택이다. 그 순간이라도 힘든 상황을 잊고 상상 속에 숨을 수 있으니까. 문제는 그것만 한다는 것이다. 상상과 비교에 사로잡혀 진정 나다운 모습을 살지 못한다는 것. 그것이 제일 큰 비극이다.

뭐라도 시작하자

한 사람을 소개하겠다. 고바야시 다다아키. 그는 서른부터 업무에 필요한 자격증을 따려 노력했지만 매번 중도에 포기했다. '내가 그렇지 뭐!'라는 마음으로 침울한 나날을 보내던 중 블로그를 시작했다. 목표는 '하루도 빠짐없이 기사를 업데이트' 하는 것! 목표를 실행하기 위해 그는 다양한 방법을 강구했고, 그 결과 한 가지 일을 꾸준하게 하는 방법을 터득했다. 지금은 블로그와 더불어 서평 메일 매거진을 10년 넘게 매일같이 발행하고 있다. 이런 과정을 통해 그는 독자들로부터 일을 의뢰받기 시작했고 마침내 창업했다. 일본 최고의 웹 컨설턴트로 인정받는 그는 현재 오전에만 일을 하고, 오후에는 책 읽고 글을 쓰며 지낸다. 『지속하는 힘』에서 그는 이렇게 말한다.

자기 자신을 믿지 못하고 자포자기의 심정이 되더라도 그 상황에서 무언가 배울 게 있다고 믿어야 한다. 조금이라도 좋아질 것이라고 믿고 버텨야 한다. 그렇게 나 자신을 믿고 한 가지 일을 꾸준히 하는 것이 인생을 바꾸는 계기를 만들어준다. - 고바야시 다다아키, 『지속하는 힘』

고바야시는 많은 것을 하지 않았다. 그가 한 것은 블로그를 운영하고, 서평 매거진을 발행한 것뿐이었다. 별 볼 일 없다고? 그는 그것을 10년 넘게 했다. 그게 핵심이다. 결국 꾸준히 한 가지 일을 했을 때, 그는 새로운 단계로 진입할 수 있었다. 한 분야의 전문가가 된 것이다.

이 책에서 많은 것을 말했다. 운동을 당장 시작해야 하고, 책읽기와 글쓰기도 놓치지 말아야 한다. 인생에서 한 번쯤은 도전해 봐야 하고, 나를 살게 하는 취미 생활도 해야 한다. 혼자 있는 시간을 알차게 보내야 하며, 가끔은 잘 쉬어야 한다. 솔직히 부끄럽다. 나도 이런 삶을 살지 못하기에… 그저 내게 말한다는 마음으로 썼다. 나 역시 시간에 쫓겨, 삶의 무게에 짓눌려 제대로 살지 못하기에 썼다. 내가 했던 제안을 스스로 하나씩 해 보려 한다.

모든 것을 하려고 하지 마라. 무엇이 필요한지는 당신이 잘 알 것이다. 몸이 너무 망가졌다면 운동이 최우선이 되어야 할 것이고, 사는 게 너무 지치고 힘들다면 당장 쉬어야 한다. 삶이 무의미하고 정신적으로 많은 스트레스를 받는다면 나를 새롭게 할 취미를 찾고 즐기는 것이 우선이다.

마지막으로 권면하고 싶다. 첫 술에 배부를 수 없다. 당장 다독가가 될 수 없고, 운동 한 번 한다고 몸짱이 될 수 없다. 한 문장도 제대로 못 쓰는데, 갑자기 책을 쓸 수는 없다. 지금 할 수 있는 것부터 차근차근 해 나가자.

기회라는 문은 무수히 작은 실천을 통해 마치 우연인 듯 열린다. 그래서 작은 실천의 시작, 무엇이든 '한번' 하겠다는 태도가 중요하다. 엄밀히 말해 기회는 오는 게 아니라 찾아가는 것이다. - 김민태, 『나는 고작 한번 해봤을 뿐이다』

무엇이든 한번 해 보라. 가능한 것부터 차근차근. 사소한 것도 괜찮다. 아니, 그것부터 시작하면 좋다. 사소한 것을 해냈을 때, 결코 작지 않은 희열을 얻을 것이다. 더 나아가 '나도 할 수 있구나.'라는 자신감을 얻고, 더 큰 것을 할 수 있는 동기부여가 된다. 힘겨운 세상에서 함몰되지 않고, 어떻게 나다운 모습으로 살아갈까? 이미 그 답을 알고 있는지 모른다. 당신이 지금 할 수 있는 것은 무엇인가.

책을 쓰고 ...

    젊었을 때부터 지니고 있었던 일명 버킷 리스트에 들어있는 꿈이 책을 쓰는 것이었다. 그래서 블로그를 시작했다. 처음엔 싸이월드, 개인홈페이지로 시작했던 것이 나중에 블로그를 알게 되면서 이쪽으로 갈아탔던 것이다. 내 기억으로 블로그는 영국 유학 시절 때 시작했던 것 같다. 공부하면서 드는 생각들을 정리하고, 일기 형식의 글도 적어 두고, 여행 다녀온 곳도 기록해 두기 위해서였다. 한마디로 블로그는 내 기억의 저장소였다.

    블로그에 글을 쓰기 시작한 지 15년 정도의 시간이 흘렀을 것이다. 그간 1,600편 이상의 글을 썼다. 어떤 글은 서너 줄에 불과하지만, 일부는 꽤 긴 글들도 저장되어 있다. 시간이 흐르고, 꾸준히 글을 쓰면서 블로그를 찾는 이웃도 차츰 늘어갔다. 블로그 활동을 한동안 중

단했던 때도 있었다. 이런 일이 몇 번 있었지만 결국 다시 시작했고, 요즘은 꾸준히 글을 싣고 있다. 글을 쓴다는 것은 내 기억의 한계를 인정한다는 고백이며, 동시에 누군가 읽어 주고 있다는 것에 대한 고마움의 표현이다. 때로는 '좋아요'를 눌러 주는 독자도 있고, 간혹 댓글을 달아주는 독자도 있지만, 많은 경우에는 아무 기록도 남기지 않은 채 글을 읽어 주는 보이지 않는 독자도 있다. 물론 내 글을 마음에 들지 않았기 때문에 기록을 남기지 않는 것일 수도 있겠지만, 그래도 독자가 있다는 사실이 글을 쓰게 하는 가장 큰 힘이 된다.

책을 내자는 연락이 왔다. 오래 전부터 책을 내고 싶었지만 그것이 맘처럼 쉬운 일이 아니었다. 책을 내려면 일명 '글빨'이 있어야 했고, 필을 받아 끈기 있게 일정 부분의 지면을 채워야 하는 능력이 필요했기 때문이다. 그래서 책을 쓰고 싶다는 소망은 그저 소망일뿐이었다. 그런데 출판사로부터 전화가 왔고, 이번 기회를 놓쳐서는 안 되겠다 싶어서였던지 크게 망설이지 않고 수락을 해버린 것이다. 그리고는 얼마 지나지 않아 후회를 해야만 했다.

원고 청탁을 받고 글을 쓰기 시삭하면서 가상 먼저 느꼈던 것은 '쉽지 않다'는 생각이었다. 평소 읽었던 책들이었고, 그에 대한 간략한 생각들을 적어 두긴 했지만, 막상 정해진 분량의 글을 쓰려니 또 다시 이미 읽었던 책들을 들여다봐야 했다. 그리고 내 생각을 글로 표현하기 위해 인터넷 국어사전을 수시로 드나들었다. 이 단어가 문맥에서 적확하게 사용되고 있는 것인지, 더 나은 표현은 없는지 등을 확인하기 위해서였다.

출판사로부터 처음 연락을 받았을 때 두 사람이 써도 되겠느냐고 물었다. 시간이 충분치 않았던 것도 문제였지만, 평소 공동저자인 이로 님의 글을 좋아하는 애독자였기 때문에 아무런 주저함 없이 그를 염두에 두고 그런 질문을 했던 것이다. 출판사 대표께서 흔쾌히 허락해 주었기에 이 책을 쓸 수 있었다.

나는 목사이다. 요즘 욕을 많이 먹고 있는 개신교 목사! 교인 수는 50명도 채 되지 않는 작은 교회 목사이자, 네 아이 아빠이다. 큰 애는 스무 살이고, 둘째는 중3, 셋째는 다섯 살, 막내는 세 살. 쉰이라는 적지 않은 나이에 어린 애들을 키우느라 큰 애, 둘째에게 늘 미안한 마음이 크다. 게다가 주로 혼자 육아를 책임지고 있는 아내에게는 미안함과 고마움을 전한다. 결혼 후 20년 이상을 묵묵히 참고 함께 해준 아내 방수연에게 이 책을 바친다. 그리고 별로 실력도, 능력도 없는 사람을 목사로 인정해 주고 신뢰해 주는 꿈이있는교회 식구들에게도 진심으로 마음을 담아 고마움을 전한다.

대전 샘골에서 젊은목사